売れる営業がお客様に会う前にやっていること

初対面の7秒で絶大な信頼を勝ち取る

谷崎真吾
Tanizaki Shingo

日本実業出版社

はじめに

私は、営業が大嫌いでした。

「営業に向いてないいんじゃないか」「何をやっても売れない」

そんなふうに考える日々が続いて、近所の神社にお祓いをしてもらいに行ったことさえあります。

毎日、頭を抱えながらこんなことばかり考えていました。

「どうすれば商品が売れるんだろうか」


営業はトークが大事、シナリオを完璧にすれば売れると信じ、多くの書籍を読み、努力をしても、現実は変わりませんでした。しかし、ある時、気がついたのです。

売れない原因は「話し方や話す内容」ではなく、もっと手前の、もっと根本的なことが抜けていた。それが「お客様からの信頼」です。

どんなに商品が良くても、どんなに話がうまくても、お客様に「この人、信頼できる」と思ってもらえなければ、売れることはありません。

そして、信頼関係は「出会ってから」築くものではなく、出会う前から始まっているのです。さらに、お客様があなたを「信頼できる」と判断する時間は、7秒しかありません。出会う前から初対面の7秒までこそが、営業の成否を分ける最大の勝負どころなのです。

本書では、「出会う前」と「初対面の7秒間まで」に信頼を勝ち取る方法について、心理学の観点も踏まえながらお伝えします。なぜ、この行動が効果的なのか？　その根拠と納得感があるからこそ、取り組んでいただければ結果に結びつく内容になっています。

また、初対面時だけでなく商談後のフォローアップ方法についても紹介しています。信頼に基づいたフォローは、リピートや紹介など、次のビジネスチャンスを引き寄せてくれます。

本書は、これから営業を始める方や、成果が出ずに何をすればいいかわからずに悩んでいた、かつての私と同じ悩みを持つあなたの助けになると信じています。

営業がうまくいかないのは、あなたの能力が足りないからではありません。

ぜひ、この本の中で紹介している小さな気づきを、あなたの営業人生を変えるきっかけとして役立ててください。

2025年　4月

谷崎　真吾

売れる営業がお客様に会う前にやっていること◎もくじ

第2章

初回の電話問い合わせでは「初対面の7秒」へ向けた安心材料を提供する

第3章 思考が整うツールを渡しておけば、初対面7秒までにお客様の悩みは解決している

第6章 7秒後のお客様の反応を見て、そのお客様への営業を判断しよう

第7章 初対面以降に信頼を得るためのお客様への聴き方・質問の仕方・伝え方

第8章 商談後にお客様との関係性をキープし続けるフォローのやり方

第9章 ここまでやれば、2回目の商談で決断してもらえる！

カバーデザイン／吉村朋子
本文ＤＴＰ／一企画
企画協力／ネクストサービス株式会社　松尾昭仁

信頼を得るために
「初対面で名刺を渡すまでの７秒」が
大切なワケ

第1章

①初対面が良い印象だけを与えられる最初で最後のチャンス

——最初の印象がその後の関係に大きく影響する

いきなりですが、1つ質問させてください。

あなたは初対面の人と出会う時、どのタイミングで相手に初めての印象を抱くでしょうか。当然、それはその人と初めて出会った瞬間ですよね。

では、もう1つ質問させてください。

あなたは、まだ一度も出会ったこともなく、これから初めて出会う人に対して、何か特別な印象を持ったことはありますか？

これまで一度も接点を持ったことのない相手に対して、何の感情も抱かない方が大半だと思います。

初めて出会う相手に対しては、相手に対する「先入観」がゼロなのです。

だからこそ**関係性が何もなく、まっさらな状態の中で、相手に対してどのような印象を与えるかが、その後の関係性を大きく左右します。**

「初頭効果」というものがあります。これは、相手に対して与えた最初の印象が、後々まで強く影響を与え、長期間印象として残ってしまう心理的な傾向のことです。

例えば、あなたが営業先で、初めて相手企業の担当者に会うことを想像してみてください。その担当者は当然、あなたについて何も知りません。名前も、どんな声かも、どのような性格でどんな役職なのかも、すべてがまっさらな状態です。

この初対面の時に、あなたが明るく自信に満ちた態度で接するのか、逆にあなたが無愛想でやる気のない態度で接するのかによって、相手があなたに抱く印象は大きく変わってきます。

もし、あなたへの最初の印象が悪ければ、

「この人は何となく信頼できそうにないな」

「この人とは一緒に仕事をしたくないな」

「話すのも面倒だから早く帰ってくれないかな」

などと、初めて出会った時点で思われてしまいます。そして、そのイメージは商談が終わった後も残り、次の商談やアポイントメントに進む可能性は格段に低くなってしまうでしょう。

私は、ある金融機関でいつも親切な対応をしてくれる窓口担当者がいたため、その金融機関をずっと利用していたのですが、その担当者が異動になり、新しく来た窓口担当者がとても無愛想だったため、他の支店に変えたという経験があります。

もしかすると、その新しい担当者は普段はそのような態度ではなく、たまたまその日だけ機嫌が悪かったのかもしれません。

ただ、私にとってはその日がその方との初対面であり、初めて会った時の印象が非常に悪いものでした。その日以降、その方とはお会いしていませんが、今でもその時の印象は変わらず残っています。

——出会って7秒までに最初の印象が決まる

人は最初に出会った時の印象が、その後のビジネスにも評価にも大きな影響を与えます。初対面で良い印象を与えることができず、信頼を得られなければ、次のチャンスそのものがなくなってしまうのです。

逆にいえば、初対面の対応を良いものにし、相手に良い印象を与えることができれば、しばらくは良い印象が相手の脳裏に残ります。

初対面は、互いの先入観がまったくない状態です。だからこそ初対面のタイミングは、良い印象だけを与えることのできる最大のチャンスなのです。

そして、**相手が感じる第一印象は、とても短い時間で決まります。**

その時間は、

「初対面で出会ってから7秒」

です。

たったの7秒間で、あなたの第一印象が決まっているのです。

営業の場面でいうと、お客様と出会って挨拶をして名刺を渡すまでが約7秒間です。この7秒間でお客様に良い印象を与えられるかどうかが、その後の商談の成否を左右します。

だからこそ営業パーソンにとっては、「初対面の7秒間」が極めて重要な時間なのです。

お客様に良い印象を与えるチャンスは、初対面が最初であり、そして最後だということを意識して、お客様とのファーストコンタクト7秒間をぜひ素晴らしいものにしてください。

お客様との商談は、まさに一期一会なのですから。

②「知識をつけ、嘘をつかず、時間を守る」だけで商品が良く見える

――「この人、大丈夫かな？」と思われたら、そこで終了

私はこれまでたくさんの営業パーソンと関わってきました。また、いろいろな営業の接客も受けてきましたが、世の中には様々な営業パーソンがいますよね。

誠実な人、仕事の早い人、法律や業法に詳しい人、商品に詳しい人、質問に対してレスポンスの早い人、清潔感がある人、話し方がとても丁寧な人、聞き上手な人など、それぞれ素晴らしい方々がたくさんいます。

その一方で、「この人は本当に大丈夫なのかな。こんな対応をしていて仕事はうまくやっていけているのかな」と心配になってしまう方々もたくさんいます。

私はこれまで住宅業界に長く携わってきて、現在も不動産会社のコンサルタントをしていますので住宅業界の営業パーソンとやり取りをする機会が多いのですが、次のような営

業の方とも数多くお会いしてきました。

- **商品の勉強もしておらず住宅に関する知識がほとんどない**
- **挨拶もまともにできない**
- **質問や催促をしても、いつまでたっても返答がない**
- **約束の時間になっても待ち合わせ場所に来ない、遅れるという連絡もない**

住宅という高額な商品を取り扱うのに、このような逆に心配になってしまうような営業パーソンでは安心して取引できませんし、一緒に仕事をすることさえ心配になります。

――当たり前の対応が信頼の第一歩

「ハロー効果」という心理学の用語がありますが、これは特定の目立った印象が他の評価にも影響を与える現象のことです。

営業でいえば、担当者が誠実に見えると会社や商品も良い印象になりますが、逆もしかりです。先ほど紹介したような営業パーソンは、当然、お客様に対しても同じような対応をしています。

以前、私は取引をやめた不動産会社があります。その会社の担当者が、嘘の申込書を送ってきたことで信頼を失い、その会社への評価を下げたことが原因でした。

この時のお客様は、その後、その担当者の対応に強い不信感を覚えたようで、その会社への依頼をやめて、私が勤めていた会社に直接問い合わせをしてきました。その理由をお聞きすると、「前の会社の営業は嘘をつくし、時間も守らないし、まったく信用できない」と、とても怒られていました。

私は、営業として誠実な対応をさせていただきますとお伝えし、その方の担当をしましたが、問い合わせをいただいた翌週には、何と当時、先ほどの信頼できない営業パーソンが嘘の購入申込みをしていた物件を、その方は購入されたのです。

お客様は本当にその物件を検討していたのにもかかわらず、営業が誠実な対応をしなかったばかりに、信頼だけでなく営業成果も取りこぼしていたのです。

このように、**当たり前のことができずにお客様の信用を失っている営業パーソンはたくさんいます。**ただ、そのような営業パーソンが世の中に多いからこそ、当たり前な対応をするだけで、お客様に良い印象を与えることが可能になります。

商品やサービスについて詳しい知識を持ち、迅速で丁寧な対応ができる、これだけで信頼感を高めてくれます。

嘘をつかず、時間を守ることはビジネスにおいて基本です。これがお客様に対する敬意を示すことになり、あなただけでなく、あなたの会社全体の印象も良くしてくれるのです。

③初めて出会った時の情報が、相手の第一印象を9割決める

――見た目や話し方がとても大事

人は視覚、聴覚、嗅覚、味覚、触覚の五感を通してすべての情報を処理しています。逆にいうと、そのいずれかの感覚を通じてしか人への印象を決めることができません。では、実際に初めて対面する際、人はどのような情報から相手の第一印象を決めているのでしょうか。

よく、「人は見た目が9割」などといわれたりします。これは**「メラビアンの法則」**という考え方が関係しています。

メラビアンの法則とは、コミュニケーションに関する心理学の用語で、あるメッセージを送った時、人は「視覚、聴覚、言語」の3つの感覚で判断しますが、メッセージの内容などの言語情報は7％にすぎず、見た目などの視覚による情報が55％、口調などの聴覚に

よる情報が38％であるというものです。約9割が視覚情報と聴覚情報によるわけです。

正確には第一印象についてのデータではないのですが、見た目や話し方が、第一印象を左右する大きな要素であることは確かです。

そのため、**営業パーソンは、身だしなみや表情、声のトーンや話し方などに注意をはらい、お客様に良い印象を与えることが大切です。**良い印象を与えることにより、会社や商品に対する評価も向上し、商談の成功につながるのです。

――きちんとしていただけで住宅が売れた

私は北九州の田舎で、新築マンションを販売する営業生活をスタートさせましたが、当時トップセールスマンだった上司から、よくこんなことを言われていました。

「営業職は役者になることが重要やけね。いつどんな見られ方をしているかわからんから、どんなに嫌なことがあった時でも、お客様と会う時だけでもいいけ、とにかく第一印象を大事にして、明るい表情で身なりもきちんとしとかな、いかんよ」

正直なところ、服装や見た目に無頓着だった当時の私には、あまりピンときませんでしたが、「トップセールスマンが言うくらいだから…まあ、やってみるか」と、騙されたと思って、スーツを新調し、明るい挨拶や表情を意識して商談に臨みました。

すると、高齢の女性のお客様から、

「あんたはきちんとしとるし、最初からずっと笑顔がいいねぇ」

とお褒めの言葉をいただきました。

しかも、出会ったその日に、まだ完成もしていない新築マンションをお申込みいただけたことは衝撃的で、今でも鮮明に覚えています。

もちろん、購入に至った要因は他にもあったのかもしれませんが、何千円や何万円の商品ではありません。**何千万円という高額商品である住宅を購入してもらえた最終的な決定要因が、「最初の笑顔」だったのです。**

特別なトークを用意したわけでもなく、スーツを新調し、ニコニコ笑っていただけなのですから、第一印象が商談に与える影響がどれだけ大きいか、おわかりいただけると思います。

第一印象を良いものにし、最初の7秒間で信頼を得るための具体的な内容やポイントについては第5章で詳しく解説していきますので、ぜひ参考にしてください。

また、メラビアンの法則はコミュニケーションに関するものなので、印象を構成する要素の中には嗅覚が入っていません。嗅覚は、他の4つの感覚とは異なり、脳に情報が届くまでの経路が異なります。次項ではその嗅覚について解説していきます。

④「匂い」は直感に働きかけ、あなたへの強烈な印象を残す

——匂いもあなたの一部

少しかたい話になってしまいますが、大事なことなので、人の脳のメカニズムについて簡単に解説させていただきます。

先ほどもお伝えしたように、人には視覚、聴覚、嗅覚、味覚、触覚の五感があります。この5つの感覚の中でも「嗅覚」だけは、脳に届く情報の経路が他の4つの感覚とは少し違います。

他の4つの感覚の情報は、必ず理性を通るのですが、嗅覚だけは理性を無視して、直接本能に働きかけるという特性があります。

つまり、私たちはある特定の匂いを嗅ぐと、その匂いを以前に嗅いだ時の記憶とその時に感じた感情が無意識に呼び起こされ、反応してしまうのです。そして、その匂いを嗅い

だ時の場面や情景が思い出されるのです。

例えば、おじいちゃんやおばあちゃんの家の匂いが、強く印象に残っている方はとても多いのではないでしょうか。

おじいちゃんやおばあちゃんの家って、独特の匂いがありますよね。

- **古い家具の匂い**
- **おばあちゃんが作る料理の匂い**
- **畳のイ草の匂い**
- **カーペットや木材に染みついた微かな匂い**

など、人によっていろいろなイメージがあるでしょう。

また私が営業時代、他の不動産会社の営業パーソンの方で、香水の匂いがとてもきつい方がいました。

その方がつけている香水自体は、別に不快な匂いではないのですが、つけている量が多すぎて強烈な香りを放っており、「この人臭いな」という印象がありました。

もう10年以上、その方とは連絡もとっていませんし直接お会いすることもしていませんが、今でもその香水の匂いがすると、その方の顔と話し方がよみがえります。

このように、嗅覚は何十年という月日が経過しても、記憶の中に残り続け、瞬時に当時の記憶や感情を呼び覚ます力を持っているのです。

そのため、**匂いは印象に強く影響を及ぼしますので、注意しないと信頼を失います。**お客様と初めて出会った際に、

「この人は臭いし、何となく不快だな」

と思われた時点で、あなたには「臭くて不快な人」というレッテルが貼られます。

何か嫌われるようなことをしたわけでも、機嫌を損ねるようなことを言ったわけでもないのに、一度お客様に嫌な匂いだと感じられてしまうと、理屈抜きで「嫌な匂いの人」と感じられて印象が悪くなり、次の商談につなげにくくなってしまうのです。

——匂いでよけいな感情を抱かせない

したがって、初対面の相手に好印象を与えるためには、余計な感情を抱かせる匂いがないことが基本です。

さらに、**清潔で心地よい香りをまとっていると、より良い印象を与えることができます。**適度ないい香りは、自分自身のイメージを形成することができ、お客様の記憶に「いい香

りの人」として残る存在になることができます。

また、あなた自身だけではなく、お客様と出会う商談場所においても、訪れる場所や空間の匂いでお客様の印象に良い影響を与えることができます。

営業場面では、匂いにも気を配ることで、より良い人間関係を築いていくことが可能になるのです。

とくに初対面では、相手により良い印象を与えるために、視覚や聴覚の見た目や聞き心地だけではなく、嗅覚についても十分意識してケアし、お客様の記憶に良い印象を残す存在になってください。

5 「営業担当者」を買うかどうかの判断材料としている人は84・1％

――「誰から買うか」が重要な時代になった

現代の営業活動において「商品を売る」ためには、たんに製品やサービスの魅力を伝えるだけでは不十分です。

商品の特性を説明し、商品の良さをＰＲするだけの営業手法では売れない時代になっています。では、何が重要になっているのでしょうか。

重要なのは商品そのものではなく、「営業担当者」です。

私は、これまでお客様から言われて嬉しかった言葉がいくつかあります。

「あなたの対応がいつも良いから、あなたのいる店舗に通っているんですよ」

「あなたが担当だから購入しました。あなたでなければ買わなかったと思います」

「何か困ったら、すぐあなたに連絡させてもらっていいですか」

これらの言葉は、営業をしている人からすると最高の褒め言葉ですよね。

多くの営業パーソンの方々が、営業でのやりがいや、嬉しかった時のことを聞くと、このような言葉をお客様に言ってもらった時だと答えます。

これらの褒め言葉からもわかるように、**満足して商品を購入されたお客様は「商品」そのものではなく、「信頼できるあなた」との出会いによって商品の購入をしているのです。**

現代はSNSやインターネットなどに情報があふれかえっており、自分が欲しい商品に関する情報は、簡単に手に入ります。

私もよくインターネットで商品の情報やクチコミを見ますが、Googleで、「商品名　特徴　価格」といったワードを入れて検索すれば、誰でも商品の情報は見ることができます。

だからこそお客様は、買うか買わないかの判断はその商品やサービスそのものではなく、その商品の「営業担当者」が自分にとって利益を与えてくれる人かどうか、を強く意識しているのです。

商品やサービスに対する予備知識がお客様に十分備わっているからこそ、「何を買うのか」ではなく「誰から買うのか」が非常に重要な時代になったのです。

しかし、いまだにそのことに気がつかず、必死に商品の説明ばかりをする営業パーソンは後を絶ちません。恥ずかしながら、私自身も新人営業の頃、商品のパンフレットを隅から隅まで説明し、ひたすらに商品の良さや、安全性を説明していました。

その頃に接客したお客様から言われたひと言を、今でも鮮明に覚えています。


「谷崎さん。そんなことは見ればわかります」


私はこの言葉に衝撃を受けました。

当時の私は、お客様に商品の良さを少しでも多く伝えたくて、一生懸命に商品の説明をしていたのですが、お客様にとって商品の説明は「そんなこと」に過ぎなかったのです。

当然、そのお客様に購入していただくことはできなかったのですが、その時、お客様は調べればわかるような内容など一切求めておらず、**営業パーソンの立場としての客観的な意見や考えを欲していた**ということに気づかされました。

当時の私は、そのお客様にとって「信頼できる営業パーソン」ではなかったのです。

——信頼されるだけで「買いたい」と思われる

商品を購入する際に「営業担当者が信頼できるかは重要か」というアンケートをとった

ところ、「重要である」という回答が、実に84・1％という結果が出ており、いかに多くの方が「信頼できる営業担当者」を求めているかがわかります。

また、高額商品になればなるほど、その傾向は強くなるのです。

どれほど商品が優れていても、「この人からは買いたくない」と思われてしまったら、そこで商談は終わりです。担当を替えられるか会社から離れていくかです。これまで何度も初回面談後に、担当替えをされる営業パーソンを見てきました。

では「買いたい営業担当者」と思ってもらうには、どうすればいいのでしょうか。

答えはシンプルです。お客様から信頼されればいいのです。

人が「この人は信頼できるな」と最初に感じる場面は、相手に対して何らかの安心感を感じた時です。

お客様は、営業担当者が初めて目の前に現れた瞬間から、無意識のうちにその人がどんな人なのか、信頼できる担当者なのかを見ています。

これは人間の本能であり、「この人は信用できるのかな」という問いに対する答えを、出会った瞬間に探し求めています。

そのタイミングこそ、出会ってからの7秒間なのです。

⑥ 初めの7秒でつまずくと、戻るまでに5倍の労力が必要

——最初の印象はなかなか消すことができない

別に第一印象が良くなくても、営業トークに自信があるから商談の中で取り返すことは簡単だろう、と思われる方もいるかもしれません。

確かに、それは不可能ではないでしょう。

何を隠そう、私も話すこと自体は苦手ではなかったので、以前はそう思っていました。

しかし、初対面での第一印象が悪いと、営業トークだけで取り返すことは簡単ではありません。出だしでつまずき、第一印象でお客様に悪い印象を与えてしまうと、印象を好転させるためには通常の5倍の労力が必要といわれています。

新人時代の私は、何度営業の機会があっても、前向きに買いにきているお客様以外は、まったく売ることができませんでした。初対面で良い印象を与えられないのですから、お

客様から信頼されなくても当然ですね。

――自分のイメージに引っ張られるので最初の印象が変わらない

人は誰しも、自分が持っているイメージが正しいと思える情報ばかりに目が行き、逆にそのイメージを否定するような情報は目に入らなくなるという習性があります。これは心理学では**「確証バイアス」**と呼ばれています。

一度、「この人は優秀な人だな」と思われれば、その人の素晴らしい部分だけが目につくようになります。逆に、「この人は信頼できないダメな人だな」と思われてしまうと、無意識に相手の悪い部分ばかりに目が行ってしまい、その人の良い部分が見えなくなってしまうのです。

つまり、**お客様と最初に会った時のあなたの印象が悪いと、お客様はその後、あなたの悪い部分ばかりが目につくようになります。**そのため、悪印象を取り返すことは非常に難しいのです。

例えば、友人との約束に大幅に遅れてしまった場合など、遅刻したことで相手に不快な思いをさせ、信頼を失うことがあります。この信頼を取り戻すためには、次回以降の約束で毎回時間を厳守し続けるなどの努力と労力が必要になりますよね。

これは営業の場面でも同様のことがいえます。しかも、相手は友人ではなく初対面のお客様ですので、友人以上に信頼を回復するのは難しくなります。

昔のように商品知識があるだけでは、お客様からの信頼は得られません。

なぜなら、現代のネット社会において、営業パーソンとお客様との間には、昔のような情報格差がないからです。場合によっては、営業よりもお客様のほうが商品について詳しいこともあります。そうなると、商談だけで信頼を取り戻すことは、ほぼ不可能です。

第一印象で悪印象を与えてしまうことは、商談を進めるうえで、大きなハンデを抱えてしまうことになるのです。

しかし逆に、あなたがハンデをもらった状態、つまり好印象を与えた状態からの商談スタートだと、どうでしょうか。

営業の場面では、お客様に第一印象で良い印象を持ってもらうことができれば、その後の商談は、営業パーソンにとって有利な状況で進めやすくなりますよね。

また、第一印象の時に感じたイメージは、その後3か月から6か月もの間、持続するといわれています。

つまり、お客様との初対面での第一印象が良ければ、仮にその日にお客様から商品を買っていただけなくても、良い印象のまま関係を続けることが可能になるというわけです。

⑦ 最初に対面する前から、段階的にあなたの印象を高める

——直接お会いする前から営業は始まっている

営業場面において、信頼関係を構築する作業はお客様と対面してから始まる、と思われがちです。

が、それは大間違いです！

「お客様の心に刺さる営業トークを教えてほしいです」
「商談中にどんな対応をしたら選ばれる営業になれますか」
「営業中にどんな駆け引きをしたらいいですか」
このような質問を多くの営業パーソンから受けます。

確かに、お客様と出会ってからの営業手法について学ぶことは重要ですし、数多くある

営業についての書籍もそうしたテーマを扱っていますから、多くの方が気にかける点であるのは間違いないとは思います。

――出会ってからの営業では遅すぎる

しかしそれだけでは不十分です。もっと重要なことがあります。

それは「お客様と出会ってから営業する」のでは遅いということです。**お客様と対面で出会う前から、営業は始まっているのです。**

お客様と出会う前にある、お客様とのすべての接点が、初対面の7秒で信頼を得るための土台になっている、というのが私の営業の定義です。

信頼は、何か1つのことをすれば得られるというものではありません。

しかし、**お客様と出会う前からある接点の1つひとつに、誠実かつ信頼できると思ってもらえる行動や対応をしていけば、段階的に信頼の度合いを高め、出会って最初の7秒間で信頼を得ることはできます。**

本書の第2章以降で、このお客様と最初にお会いする前からの対応や営業方法について、

①ホップ：お客様から初めて問い合わせがあった時
②ステップ：問い合わせからお客様と会うまでの期間
③ジャンプ：お客様と初対面で名刺を渡すまでの7秒間

の3段階で、お客様からの信頼を獲得していく方法について解説していきます。

「営業活動はお客様と出会ってからではなく、出会う前から始まっている」

ぜひ、このことを理解していただき、お客様と出会うまでの小さな接点を大切にし、実際にお会いした時に、その信頼を確固たるものにしてください。

そうすれば、あなたの営業の成功率は今よりも格段に高まります。

第2章

初回の電話問い合わせでは「初対面の7秒」へ向けた安心材料を提供する

① 電話で重要なのは、親身な人を演じて嫌われないこと

――メールやLINEではなく電話がいい理由

「今の時代、もう電話なんて使わないでしょ？」

そのように思われる方も多いかもしれません。

確かに、メールやチャット、LINE、SNSなどでのやり取りが以前に比べて増えているのは事実です。

しかし、「営業パーソンとやり取りをする際、希望する連絡方法」に関するアンケートをとったところ、第1位は「電話」で、全体の48・8％という結果が出ており、**実に約半数の方が電話でのやり取りを希望されていました。**

また年齢層が高くなるほど、この傾向は顕著で、令和時代でもお客様は電話でのやり取

りを希望しているのです。

私は営業時代、お客様に急ぎの連絡をしなければならなかった際、移動中で電話をかけることができない状況だったため、LINEで要件を連絡したことがあります。

その時、お客様からこう言われました。

「LINEを送れる時間があるぐらいだったら電話してください。プライベートに踏み込んでほしくないです」

メールやLINEなどのツールは、気軽に送ることができますが、プライベート専用で使用したいと考える方が多くいるのだな、と気づかされました。お客様の気持ちを考慮せず、自分都合で対応してしまったと、とても反省したことを覚えています。

またデジタル時代だからこそ、あえて電話応対に力を注いでいる企業もあります。

例えば、株式会社ベネッセホールディングスは、新たに専用のコールセンターを設立し、アマゾンも、電話サポートでの対応に力を入れていくと発表しています。

これは、SNS等での炎上を防ぐためには、しっかりとした電話での対応が有効であり、必要不可欠だと考えているからです。

このように令和時代でも、お客様にとって「電話」は特別なツールなのです。

——電話は営業にとって好都合

ここで重要なのは、お客様がメールやLINEではなく、電話で問い合わせをしてきてくれることが、営業側にとっては好都合であるということです。

なぜなら、**初対面で出会う前のやり取りにおいて、電話で対応することは信頼を築くための大きなチャンスとなる**からです。

まさに**このチャンスこそが、第1章でご紹介した「ホップ」の部分**になります。

これは、お客様が商品やサービスの情報を見て、最初にあなたの会社に問い合わせの連絡をしてくる場面です。この瞬間こそが、お客様とあなたの関係がスタートする最初の重要なタイミングなのです。

実際に出会う前に感じる印象を「第0印象」といいますが、近年当たり前になってきたマッチングアプリでも、この第0印象が最も重要とされています。

2019年5月に株式会社マンダムが発表した「20代の恋愛における『第0印象』に関する調査」によりますと、次のような結果が出ました。

●第0印象は第一印象に影響する：87・1％
●第0印象が悪いと連絡したくない：73・9％
●第0印象が悪いと会いたくない：75・1％

実に約7～8割の方が、出会う前の印象が重要だと回答しています。

これはマッチングアプリに限らず、営業場面でも同じことがいえます。

「ホップ」の段階で迅速かつ丁寧な対応ができないと、お客様は第0印象で「安心できる人なのかな?」と不安に思ってしまいます。逆に、迅速で的確な対応ができれば、お客様に「この人は信頼できそうだ」と感じてもらえるのです。

――電話ではとにかく親身な対応を

では、どのような点に気をつける必要があるのでしょうか。

電話でお客様と話をする際、絶対に気をつけなければならないことが1つだけあります。

それはとにかく**「お客様から嫌われない」**ことです。

初回の電話問い合わせ時に、一度でもお客様から、「この人はちょっと苦手だな」と思われてしまうと、そのお客様があなたのところに帰ってくることは二度とありません。
お客様には数多くの選択肢があります。その中で、わざわざ「感じの悪い」営業パーソンを選ぶ理由などないからです。

信頼できそうな担当者だと思ってもらうためのポイント**は、「お客様にとって親身な人を演じる」ことです。**

「演じる」と聞くと少しいやらしい、あるいは難しいと思ってしまうかもしれませんが、意識すればできる簡単なことばかりです。
次項以降で、その方法について詳しくお伝えしていきます。

②電話を望む理由は、多くの情報を収集できるから

――返事が遅れると不安や疑念が生まれてしまう

前項で、今でもお客様からの問い合わせは電話が多いと述べました。なぜお客様は、電話でのやり取りを望むのでしょうか？

それは、**メールやLINEは便利なツールではあるものの返信が来るまでに時間がかかり、コミュニケーションが一方通行的になってしまう欠点があるため**です。

プライベートで、友人や親しい人とやり取りをする場合であれば、それほど問題はないのですが、営業の場面においては、返信が遅れると不安や疑念が生まれることにつながります。

私も、お客様とメールでやり取りをしている最中に、「電話で話したほうが早いから」と言われ、途中でお客様から電話がかかってきたことが何度もあります。

――その場で疑問が解決する電話は優秀な営業ツール

電話は、聞きたい時にすぐに連絡がとれる即時性があり、直接話ができるため、疑問点や不明点をその場ですぐに解決することができるのです。

お客様が、すべての質問をまとめて問い合わせをしてくることは、まずありません。多くの方は、気になった時に、その場その場で質問をしてきます。**聞きたい内容がまとまっていなくても、電話で話しているうちに、お客様の頭の中が徐々に整理されていき、その場で新たに生まれた疑問を即座に解決することが電話ではできるのです。**

例えば、次のような会話が電話ではスムーズに進みます。

営　業「お電話ありがとうございます。○○不動産の○○が承ります」
お客様「ちょっとお聞きしたいんですが、○○市にある売り物件はまだありますか？」
営　業「ご連絡ありがとうございます。○○市の物件ですね。まだ空いております」
お客様「そうなんですね。その物件って、駅からはどれくらい離れているんですか？」
営　業「駅からは徒歩でだいたい15分ほどです。周辺には徒歩圏内にスーパーや公園もありますよ」
お客様「なるほど。それと…学校区はどこになりますか？ 小学生の子供がいるんですけど」
営 業「○○小学校です。距離は物件から徒歩10分ほどですね」
お客様「それは安心ですね。あっ、駐車場はついていますか？ 何台とめられますかね？」

電話では、お客様がもともと聞きたかった情報に加え、話しているうちに出てきた新しい疑問に対しても、その場で質問をして解決することができるのです。

人は知りたいことがあるから問い合わせをしますし、質問もしてきます。お客様は気になることについて、その場で回答を得て、疑問に思っていることをスッキリさせたいと望んでいるのです。

とくにビジネスの場では、迅速かつ確実な対応が求められますが、電話はその要件を満たす最も適切な手段となります。

メールでは、思い出したその都度に連絡し、場合によっては何往復ものやり取りが必要になります。それに対して電話は、一度に多くの情報を得ることができ、メールやＬＩＮＥに比べて、はるかに効率的なのです。

③ 電話は声で感情が伝わり、対面に近い親近感を与えられる

――声が聞ける電話は感情や人となりが伝わる

まだお会いする前のお客様との電話でのやり取りは、お互いがまだ顔を知らない状態で行われます。

お互いが、どんな人物であるかを知るための唯一の手がかりは、「声」と「話し方」です。

この声と話し方で、安心感をお客様に与えられるかどうかが、その後の信頼関係に大きく影響してきます。

SNSなど、顔が見えない状態でのやり取りが増えている現代だからこそ、「声のトーンや話し方」で、対面に匹敵するほどの親近感を感じてもらうことが可能です。

ではなぜ、電話だと対面に近い感覚を提供することができるのでしょうか？　それは、

声のトーンや話し方がもたらしてくれる「感情の伝達力」にあります。

声には、たんなる言語という枠を超えた力があります。人の声には、喜び、驚き、悲しみ、怒りといった様々な感情が無意識のうちに込められています。


「何か怒ってる？」

これは昔、私の機嫌が悪い時、同僚との電話中に何度か言われた言葉です。

声に乗った感情は、相手に直接伝わります。

電話で相手の声を聞いただけで、その人が今どんな気持ちなのか、わかることがありますよね。

「今日は元気だな」とか、「ちょっと機嫌が悪いのかな」といったことを相手の第一声だけで感じた経験がある方は多いと思います。

こうした声の力は、メールやＬＩＮＥにはありません。

文字だけでは、感情の微妙なニュアンスを伝えることは難しく、相手の心に響く力が限られてしまいます。だからこそ、**電話は、対面で会っている時と同じくらい、相手に対して親近感を与えることのできるコミュニケーション手段となりえるのです。**

——声のトーンや話し方で安心感を与える

電話では、声のトーンや話し方が相手に与える印象を左右します。明るくハキハキとした声は、親しみやすさや信頼感を引き出してくれ、一方で、不機嫌そうな声は、警戒心や不安を引き起こします。

声のトーンは、言葉の内容以上に強いメッセージをお客様に伝えてしまうのです。

電話応対をする際は、ひと呼吸おき、感情を落ち着かせてから対応をするように心がけましょう。

出会う前に、お客様に声で安心感を与えることで、出会った後の営業成果を向上させることができます。電話の向こう側には、いつもお客様がいることを忘れず、声の力で親近感を与えられる対応をしましょう。

④売り込まれると感じるような商品のPRはしない

――お客様は「売り込み」をされたくない

多くのお客様は、初めて商品やサービスについて問い合わせをする際は、「売りつけられたら嫌だな。大丈夫かな」という警戒心を持っています。

突然、知らない番号から電話がかかってきた時、あなたはどう感じるでしょうか。

「何かの勧誘かな」

「何か売り込まれるんじゃないかな」

と、期待よりも警戒心が高まる方が多いと思います。

お客様は、自分から電話をかけていたとしても、電話で問い合わせをする際、これと同じような感情を抱いています。

「営業をかけられないかな」

「いきなり売り込まれないかな」

このような感情で、電話問い合わせをしてきている方が大半なのです。だからこそ、嫌われない対応をするために、注意しておかなければいけないことがあります。

それは、**お客様に「売り込まれている」と絶対に感じさせないこと**です。

「ブーメラン効果」という心理的な現象があります。これは、相手に何かを押しつけようとすると、相手が反発して逆効果になってしまうというものです。

例えば、あなたも子供の頃、「絶対に食べなさい」と言われた食べ物に対して、よけいに食べたくないと思った経験はありませんか？　また、「絶対にやってはダメ」と言われたことって、逆にやりたくなりませんでしたか？

これは、子供の頃だけの話でなく、大人になってもこの傾向は変わらずあるのです。

――聞かれたときにだけ答える
では、どうすればお客様に売り込まれていると感じさせず、嫌われない対応をすることができるのでしょうか。

それは**「商品についての説明」をこちらからは一切行わず、お客様から聞かれたときだけ答えるという対応をすることです。**

具体的には、電話でお問い合わせをいただいた時は、商品のPRをするのではなく、お客様に寄り添う姿勢を見せることが大切です。

警戒心が強い段階で、商品のPRや詳しい説明をしてしまうと、「売り込まれている」と感じさせてしまうからです。

以下に、具体例を紹介します。先に悪い例です。

営　業「お電話ありがとうございます。○○不動産の○○が承ります」
お客様「ちょっとお聞きしたいんですが。○○市にある売り物件はまだありますか？」
営　業「ご連絡ありがとうございます。まだ空いています。この物件はすごく人気で、販売を開始してから、お客様からの問い合わせが殺到しています。駅も近いし、スーパーやコンビニ、公園など生活利便施設が徒歩圏内にあります。家の中もリフォームされていますので、すぐに引っ越すこともできます。相場的に価格も決して高いわけではないので、とてもお勧めです。すぐに検討されたほうがいいですよ」

お客様「…そうなんですね。わかりました。ありがとうございました」

いかがでしょうか。警戒心が高い状況で、このようにゴリゴリに商品を勧められてしまうと、腰が引けてしまいますよね。

だからこそ、次のような対応をするよう心がけてください。

営　業「お電話ありがとうございます。○○不動産の○○が承ります」
お客様「ちょっとお聞きしたいんですが。○○市にある売り物件はまだありますか？」
営　業「ご連絡ありがとうございます。お問い合わせいただいた売り物件はまだ空いています。今お住まいの住居で何かご不満に感じていることがあるのですか？」
お客様「ええ。子供が大きくなって、ちょっと狭くなってきて」
営　業「それは、悩ましいですね。もし広さが重要ということでしたら、別のエリアで同じくらいの広さの物件もありますが」
お客様「いえ、生活環境は変えたくないのでエリアはあの場所が良いんですよね」
営　業「そうでしたか、失礼いたしました。エリア以外でも、何か重要にされているご条件もあるのですか？」

お客様「そうですね。他には…」

――お客様の不満や不安をヒアリングする

このように**初回の電話問い合わせでは、商品のPRではなく、お客様が抱えている不満や不安をヒアリングして、引き出してあげることが大切です。**

とくに、相手の顔が見えない分、「聞いている姿勢」を前面に出すことが、とても重要です。相手のニーズや心配事を聞き出すことで、お客様に売り込まれていると感じさせないうえ、「この人は、自分の話をちゃんと聞いてくれる人だ」と感じて、心を開いてくれやすくなるのです。

初回の電話問い合わせは「売り込みの場」ではなく、「お客様からの相談の場」であり、警戒心が最も高い瞬間であると同時に、信頼を得る絶好のチャンスなのです。

⑤ チェックリストを使って常に同じレベルで電話応対

――チェックリストの絶大な効果

「電話の音が鳴っただけで、心臓がドキドキしてしまうんですよね」

これは、以前私が勤めていた会社で、新人営業パーソンが言っていた言葉です。

ＳＮＳ世代で育ってきた現代の若者たちは、文字でのコミュニケーションが中心の生活を送ってきています。だからこそ社会人になって、「電話で会話をする」ということに苦手意識を持つ営業パーソンは、非常に多くなっています。


しかし前項で述べたように、電話応対はお客様に出会う前から親近感を与えることができる重要なツールです。

緊張した状態で、お客様の電話応対をすると、「この人は大丈夫なのだろうか」と思われ、信用を失ってしまう原因となります。

電話を苦手とする方の多くは、「緊張してしまい、何を話したらいいかわからなくなる」と思っています。つまり、「お客様と話す内容」を先に決めておけば解決することができるのです。その際に役に立つのが、「ヒアリングのチェックリスト」です。

私自身も対面で話す時は平気なのですが、以前は電話でお客様と話すことに苦手意識がありました。とくに周りに他の社員がいる時は、よけいに緊張してしまい、お客様に対してきちんとした電話応対ができていませんでした。

そこで、どんな状態でも同じように対応するために作ったのが、「ヒアリングチェックリスト」です。

聞かなければいけない内容があらかじめわかっていれば、それを見ながらヒアリングすればいいので、緊張してしまうことも徐々になくなってきます。

私もプリントアウトしたチェックリストを電話の横において、電話応対をすることで、徐々に電話への苦手意識がなくなりました。

56ページに、私が電話応対で活用していたチェックリストを紹介します。

〈電話ヒアリングチェックリスト〉

受電：　　年　月　日　時　分

- □ 問い合わせ商品
- □ 問い合わせ媒体
- □ 来店希望日
- □ 当日の来店人数
- □ 購入希望時期
- □ 商品を必要とする悩み
- □ 今聞いておきたい内容
- □ お客様名
- □ 連絡先
- □ 今後の連絡方法
- □ 次回以降の希望連絡時間帯
- □ 住所
- □ メールアドレス

次回以降について

次回連絡日①：　　年　月　日

次回連絡日②：　　年　月　日

――話すことがわかっていれば冷静に対応できる

このようにヒアリングすべき内容さえ決めておけば、話すポイントが整理され、後は順番に聞いていくだけで、緊張して聞き漏らしたり、後から確認をし直さなければならないこともなくなります。また、チェックリストに沿って応対を繰り返していくことでヒアリングするポイントが頭に入り、自然とヒアリング力が向上していきます。

そして、**ヒアリングチェックリストの良いところは、「誰でも使える」という点です。**

たとえ新人営業パーソンやアルバイトなど、経験の浅い人が電話を受けたとしても、このリストがあれば、対応の質にばらつきもなく、必要な情報を得ることができます。

聞く内容が決まっているチェックリストがあることによって、どのような経験値のスタッフでも、一定の質を保った電話応対ができるようになるのです。

商品によってヒアリングしておきたい内容は変わってくると思います。ぜひ、皆様の商品・サービスに応じて、項目を追加、修正していき、あなたの業界に合ったチェックリストを作成し、実務に活用してください。

チェックリストというツールを効果的に活用することで、営業力をさらに高め、お客様から嫌われない、信頼を獲得する電話応対をしてください。

⑥「真剣に聴いてくれている」と思わせる話し方とは

——真剣に聴いていることが伝わる話し方

あなたは、**「ペーシング」**や**「オウム返し」**という言葉を聞いたことがあるでしょうか。

これは、営業場面やビジネスシーンにおいて、お客様に親近感を持ってもらい、会話をスムーズにするために有効なコミュニケーション手法の1つです。

ペーシングとは、相手の言葉や声のトーン、話す速度に合わせることです。

例えば、ゆっくりと落ち着いたトーンで話すお客様には、自分も同じようにゆっくりと話す。テンポよく話すお客様には、少しスピードを上げて話すことで、相手のリズムに乗るといったようなことです。

また、オウム返しは、相手の言葉をそのまま、または少しだけ変えて繰り返すことです。

じつは、これらのコニュニケーション手法は、対面での会話をする時だけではなく、顔が見えない電話応対時にも、活用することができます。

このペーシングとオウム返しを使うことによって、**お客様は自分の発した言葉を「理解してくれている」「この人は自分の話を真剣に聞いてくれている」と感じ、あなたに対して親近感を持ってくれるようになります。**また、相手に賛同することによって会話をよりスムーズなものにしてくれるのです。

ではなぜ、言葉や話す速度、声の大きさをお客様と合わせることが、お客様からの親近感や信頼感につながるのでしょうか。

それは**「ミラーリング効果」**というものが関係しています。

ミラーリング効果とは、自分と似た行動をする人に対して親しみを感じる心理のことです。

つまり、相手の行動や態度を真似することによって、心理的な親近感を与えることができるのです。だからこそペーシングやオウム返しが活躍してくれます。

オウム返しの会話のイメージは、例えば次のようになります。

お客様「家のリフォームをちょっと考えているんですけど」
営　業「**ご自宅のリフォームについて考えていらっしゃるのですね。**具体的にこの箇所をリフォームしたい、と決まっているのでしょうか？」
お客様「そうですね。お風呂のリフォームをしたいと思っていまして」
営　業「**お風呂のリフォームをお考えなのですね。**今お使いのお風呂に何か不具合が出てしまったのでしょうか？」
お客様「いや不具合はないのですが、バリアフリーのユニットバスにしたいと思っていまして」
営　業「**バリアフリーのユニットバスをお考えなのですね。**バリアフリーにしないといけないご理由ができたのですか？」
お客様「ええ、両親の介護が必要になりまして」

といった具合です。簡単ですよね。

――シンプルなのでやりすぎるとわざとらしい

ただ相手が言った言葉を、繰り返して使うだけでいいのです。

たったこれだけのことで、相手の気持ちに寄り添い、共感を示していることが伝わり、お客様は「自分の発した言葉を理解してくれている」「自分の話を真剣に聞いてくれている」と感じるのです。

しかし、**ペーシングとオウム返しをする際に気をつけなければならない点があります。それは「使いすぎないこと」です。**

使いすぎるとお客様は、「わざとらしく」感じてしまいます。「わざとらしい」と思われてしまうと、「この人は自分に何かの営業テクニックを使っているな」と思われ、親近感どころではなく、逆に不信感を抱かせてしまいます。とくに、電話中にオウム返しを使用するのは3回程度までにしておきましょう。

それだけでも十分な効果を発揮してくれます。

⑦ 親身な人と思われ、ニーズをも聞き出す2つの質問

――話しやすい雰囲気を作ることを目指す

「電話なんて、ただの受付けでしょ」

お客様からの電話問い合わせを、たんなる初めての受付け程度に思っている営業パーソンはたくさんいます。しかし、何度もお伝えしているように、初回の電話応対は、お客様との初めての接点です。たんにお客様の話を受け付けるだけでは、せっかくのお客様との最初の接点を無駄な時間にしてしまいます。

トップセールスマンの特徴の1つに、「聞き上手」があげられます。聞き上手と聞くと、とにかくお客様の話を聞いているだけと勘違いする方もいるかもしれませんが、そうではありません。

実際は、話をじっと聞いているだけでなく、**お客様を促して、「お互いが話しやすい雰囲気を作り、的確な質問をしてお客様から話をしたくなる状況」にしています。**

しかし、これは言うのは簡単なのですが、いざやろうとすると難しいと思います。

以前は、お客様とコミュニケーションをとるために、雑談をして心の距離を縮めることが鉄板だといわれていました。

しかし、現代においては、雑談でコミュニケーションをとる必要などありません。

先ほどもお伝えしたように、お客様は「営業されるかもしれない」という警戒心を持っています。しかし、それをわかったうえで電話をしてきてくれているのです。そのような状況で雑談を延々とするのは、お客様にとってもただの迷惑で、時間の無駄になってしまいます。

――お客様のニーズを引き出す「今のお悩みは何ですか？」

では、お客様から「この人は親身な人だ」と思ってもらうためには、何を話せばいいのでしょうか。

それは、お客様のニーズを引き出す質問をしてあげることです。そして、お客様のニーズをヒアリングするための簡単な質問があります。それは、

「この商品を必要とする今のお悩みは何ですか？」

です。この質問を、初回の電話応対時に聞いてしまうのです。

商品の購入について、それほど真剣に考えていないお客様であれば、「いや、別にそんなことはとくにないんですけど…」と話をそらすこともあります。

しかし、**商品の購入について真剣に考えているお客様であれば、即本題に入ることができます。**

質問をして話をそらすようなお客様は、まだ接客する状態にありませんので、そうした方を気にする必要はありません。

電話などで問い合わせがあった場合は、商品を売りたい気持ちが先走り、どうしても商品について話をしたくなります。

しかし、お客様は商品そのものではなく、「今、抱えている悩み」を解決するための手段として、その商品を必要としているのです。

だからこそ、商品そのものではなく、お客様が今どういうことに悩んでいるのかにフォーカスすることによって、お客様のニーズを事前に知ることができ、また、「きちんと考えてくれる親身な人だ」と思ってもらえます。

――お客様のニーズを引き出す「今すぐ聞いておきたいことは?」

お客様から親身な人だと思ってもらえる簡単な質問がもう1つあります。それは、

「今すぐ聞いておきたいことは他にありますか?」

と聞くことです。

お客様は気になる内容があるから、その答えを知るため問い合わせをしてきます。

しかし、話をしているうちに「聞き忘れてしまった」ということが往々にしてあります。

この時に、「聞き忘れました!」と、もう一度連絡をしてきてくれればよいのですが、多くの方は「また今度でいいか」といったん放置してしまいます。

そして、多くの方は、翌日にはそのことを忘れてしまい、何となくモヤモヤした状態で過ごしてしまうのです。

この「何となくのモヤモヤ」が得体のしれない不安感として、最終的に購入をさまたげる要因になってしまいますので、ぜひこの段階で消しておいてください。

「聞いておきたいことは他にありますか?」と聞くことが、話をした内容を改めて頭の中で整理させ、かつ聞き忘れてしまった! をなくす防止策になってくれます。

ぜひこの2つの質問を活用してみてください。

⑧ 連絡してよい時間を確認すれば、イメージの悪い連絡を避けられる

――印象が悪くなる、タイミングの悪い電話

「何でこの人は、このタイミングの悪い時に限って連絡をしてくるんだろう」

あなたもこんなことを思った経験が、一度はあるのではないでしょうか。

相手が何をしているか見えているわけではないので、これはただの偶然に過ぎません。

しかし、なぜか営業の場面においては、この偶然がたびたび起こり、しかも、それが原因でお客様からの信頼を失ってしまうことがあります。

営業の場面において、**タイミングの悪い連絡を何度もしてしまうと、お客様が興味を持っている商品やサービスであったとしても、「担当者は迷惑な人」と捉えられてしまいます。**

とくに、重要な会議中や移動中、または家族との時間を楽しんでいる時に電話がかかってくると、より迷惑に感じられます。

こうしたタイミングで連絡をしてしまうと、お客様は話を聞く気持ちが薄れて、あなたへの印象も悪くなるリスクがあります。

私が、新築マンションを販売していた頃の話を紹介します。

当時の新築マンションは、4人家族などの一般的なファミリー層の方が検討をしていることが大半だったのですが、私は自分の仕事が一段落する夕方の時間に、お客様によく連絡をしていました。その時、あるお客様からこんなお叱りを受けました。

「こんな忙しい時に何度も連絡してこないでください！」

私は、ご主人様はまだ仕事から帰っていないだろうから奥様に連絡しておこうと、何気なく自分の都合で連絡をしていました。でも、小さなお子様がいるファミリー層にとって、夕方は家事や育児に追われ、最もバタバタしている時間帯であることをまったく考えていなかったのです。

つまり、お客様の都合を考えずに連絡していたことが、この叱責の原因でした。

このようなことを2回続けてしまい、3回目からは私が連絡を入れても、そのお客様は電話に出てくれなくなり、そのまま見込みのあるお客様を失ってしまいました。

何度もお伝えしているように、営業の場面においては、お客様から信頼されることが第一です。このような少し気をつければ回避できることは極力避けなければなりません。そして、それは決して難しいことではありません。

——連絡時間を聞いておくだけで信頼感が高まる

「自分都合ではなく、お客様目線」で、連絡する時間を確認しておけばいいのです。

私は初回の電話問い合わせ対応時に、必ず次の質問をするようにしました。それは、「今後の連絡は、どの時間帯にするのが、ご都合よろしいでしょうか」（56ページ参照）です。

これだけで、お客様にとってタイミングの悪い時間帯の連絡を回避することができます。

例えば、次のように確認してみましょう。

営　業「今後の連絡は、どの時間帯にするのが、ご都合よろしいでしょうか？　例えば、平日の午前中や夕方など、どの時間がよろしいですか？」

お客様「仕事中は電話に出られないし、平日は19時以降がありがたいです。土日は、基本的にいつでも大丈夫です」

営　業「平日は19時以降、土日は基本的にはいつでも大丈夫ですね。平日の19時以降は何時くらいまでご連絡しても大丈夫でしょうか？」

お客様「そうですね。21時くらいまでは大丈夫です」

営　業「かしこまりました。今後はその時間帯でご連絡させていただきますね。ご連絡の際に何かご不明点があれば、どうぞお気軽にお知らせください」

このように、初回の電話応対時に、次回以降の希望の連絡時間を確認しておけば、お客様にとって迷惑なタイミングの連絡を回避することができます。

また、仮に連絡がつかず、連絡が行き違いになっても、お客様が希望された時間ですので、そのことが原因で信頼を失うこともありません。

連絡の希望時間を確認することは、単なるマナーではありません。

お客様の都合を優先し、適切なタイミングで連絡をとるという小さな気づかいによって、あなたの信頼性は高まり、営業成果にも、顧客満足度の向上にもつながるのです。

⑨ 住所かメールアドレスを違和感なく入手するコツ

――「教えてください」ではなく、「どちらがよろしいですか？」

「お客様の住所やメールアドレスを聞き出すのは難しい。個人情報だし、お客様は簡単には教えてくれない」

このように誤解している営業パーソンは多いと思います。それは大きな勘違いです。

確かに、ただストレートに「メールアドレスを教えてください！」と伝えるだけではお客様も警戒しますし、簡単には教えてはくれないのですが、質問の仕方を少し工夫すれば、多くのお客様は意外と簡単に教えてくれるものです。

お客様から、個人情報を教えてもらう際、役に立つ質問の仕方があります。それは、

「今後、やり取りをするのは、電話よりもメールのほうがよろしいですか？」

と尋ねることです。

この質問をするだけで、多くの方は抵抗なくメールアドレスを教えてくれます。

このような質問をすることによって、お客様には「今後もやり取りを続ける」という前提がまず伝わり、頭の中を「やり取りをするかどうか」ではなく、「どの手段でやり取りをするか」に向けることができるのです。

想像してみてください。

友人から「今度会う時は居酒屋でいい？」と聞かれたとします。その時、あなたは「会うかどうか」を考えるのではなく、「居酒屋でいいかどうか」を考えますよね。

このように、「会うこと」を前提にされると、その部分は当然のこととして受け入れられ、後は「どの場所で会うのか」という点に意識が向くのです。

このように、「今後、やり取りをするのは、電話よりもメールのほうがよろしいですか？」と質問することによって、たんに「メールアドレスを教えてください」と聞くよりも、はるかに教えてもらえる可能性が高まるのです。

また、電話以外の連絡方法についても確認している姿勢が、「自分（お客様）の都合をきちんと考えてくれる営業パーソン」として、良い印象を与えることにもつながります。

――**「資料をお送りいたしますので」**

しかし、もちろんすべてのお客様が、メールアドレスを教えてくれるわけではありません。その場合には、次のような言葉を投げかけると効果的です。それは、

「商品の参考になる資料をお送りしますので、ご自宅の住所かメールアドレスを教えてください」

です。

この質問も先の質問と同様に、「資料を送る」ということが前提になっており、お客様は「住所かメールアドレスを教えなければならない」という心理状態に誘導されやすくなるのです。

例えば、居酒屋で店員さんに「ポテトとサラダ、どちらをおつけしますか？」と尋ねられたら、何もつけない選択肢については考えずに、「ポテトかサラダか、どちらかを選ぶこと」に意識が向いてしまいますよね。

これは、**「誤前提暗示」**という心理的なテクニックなのですが、ただ単に質問するのではなくて、選択肢をしぼった質問にしたほうが、その質問に対して承諾してくれる率が格段に高まるというものです。

このように、**ストレートに質問するのではなく、質問の仕方を少し工夫することで、必要な情報をお客様から自然に引き出すことができるようになります。**

また、第1章の最後で紹介したように、初回の電話問い合わせの後は、お客様との信頼関係を深めるために、次の「ステップ」の段階になります。

① ホップ：お客様から初めて問い合わせがあった時
② ステップ：問い合わせからお客様と会うまでの期間
③ ジャンプ：お客様と初対面で名刺を渡すまでの7秒間

お客様の住所やメールアドレスの取得は、「ステップ」の段階では欠かせませんので、ぜひお客様との対応の中にこの質問を入れて、信頼を得ながら情報を入手してください。

⑩ 最低限のマナー習得は営業パーソンの土台

――電話応対の基本マナーを身につける

「ビジネスマナーのない営業パーソンは、お客様から信用されません」

いきなり失礼な！　と感じられた方は、大変申し訳ありません。

営業で成功するために何が必要かと聞かれた時、多くの人が「人脈」「営業スキル」「商品の知識」などを挙げます。

確かにそれらも重要であることに間違いはないのですが、しかし、最も基本となるのは「社会人としてのビジネスマナー」です。

ビジネスマナーは、単なる礼儀正しさのためのものではなく、営業の土台を形成する大切な要素です。

初回の電話問い合わせの対応時においても、お客様は、あなたの態度や対応マナーをしっかりと感じ取っています。だからこそ、電話応対時には「最低限のマナー」を守ることが信頼を得るために欠かせないのです。

では、どのような点に気をつける必要があるのでしょうか。

世の中にはビジネスマナーについての書籍も数多く出版されており、電話応対の基本的な流れや言葉づかい、敬語の使い方などが詳しく解説されています。

こうした基本的なマナーをしっかりと身につけることで、どんな状況でも落ち着いて対応できるようになります。

ここでは、電話応対時の代表的なノウハウを一部だけ紹介します。

- **お客様が「待たされている」と感じないのは10秒までなので、3コール以内には電話に必ず出る**
- **電話は感情が相手に伝わるから、電話をする前に鏡で自分の笑顔のチェックをする**
- **低音の声は暗いイメージを連想させるので、普段よりも2トーン高くし、明るく聞き取りやすい声を意識する**

●電話は印象を良くするためにお礼に始まり、感謝で終わらせる。初めは「お電話ありがとうございます」で、最後の締めは「お電話ありがとうございました」

●お客様が完全に切るまで電話は終わっていない。相手が完全に切ったことを確認してからこちらも切る

●こちらから電話をかけた時、着信のみだと要件がわからずお客様を不快な気持ちにさせるから、必ず要件を留守番電話に入れておく

また、**初回の電話ではしっかりと自分の名前を名乗ることも重要です。**

「え、そんなこと当たり前すぎるだろ」

と思うかもしれませんが、意外と当たり前のことをできていない方は多いのです。

私はこれまで、不動産会社に連絡した際に、「はい、もしもし」しか言われなかったことが何度もあり、「かける番号間違えたかな?」と不安になったと同時に、「大丈夫かな、この会社」と不信感を覚えました。

名前を名乗るのと名乗らないのとでは、想像以上に相手に与える印象が変わります。名前を名乗ることで、お客様に対して、自分が誰であるかを明確にして、責任を持って対応する姿勢を示すことができ、お客様もあなたの名前を覚えてくれやすくなるのです。

──ビジネスマナーの書籍を1冊読もう

では、どうやってこうしたビジネスマナーを身につければいいのでしょうか？

答えはとてもシンプルです。ビジネスマナー本を読んで、実践してみて習慣化することです。今は、ネットで電話応対ノウハウの情報を集めることもできますが、体系的に学ぶためには書籍が一番有効です。

また、ビジネスマナーの書籍は営業にとどまらず、社会人としての教科書ともいえます。電話応対時のマナーはもちろんですが、挨拶の仕方から名刺の渡し方、敬語の使い方、メールを送る時のマナーなど、社会人としての基礎力を上げるために、必要な知識が詰まっています。

ビジネスマナーを身につけている営業パーソンと、そうでない営業パーソンとの違いは、一目瞭然です。

これらの基本を知っているかどうかで、お客様からの印象が大きく変わることを忘れないようにしてください。**最低限のビジネスマナーが上位営業の土台です。**ビジネスマナーを学び、ぜひ日々の営業活動で実践していきましょう。

思考が整うツールを渡しておけば、初対面7秒までにお客様の悩みは解決している

第3章

①あなたの代わりに営業する一石二鳥な4つのツール

――信頼される「第0・5印象」をお客様に伝える

初めての電話問い合わせへの対応で、お客様からの信頼が少し得られた状態になったら、次にやることとは、実際に対面でお客様と出会う前までに、あなたの信頼感をさらに高めていくことです。

第1章でお伝えした、

① ホップ：お客様から初めて問い合わせがあった時
② ステップ：問い合わせからお客様と会うまでの期間
③ ジャンプ：お客様と初対面で名刺を渡すまでの7秒間

の**「ステップ」の段階**になります。

お客様からの問い合わせがあってから実際に対面するまでの期間で、たとえるなら「第0・5印象」とでも表現できるでしょうか。

お客様から問い合わせがあって、実際に出会うまでの間に、ほとんどの営業パーソンは何もアクションを起こしません。仮にアクションを起こすにしても、商談の流れを計画したり、当日、商談に使うための資料を準備しておくといった、「当日に向けた準備」をする程度です。

前の章の「ホップ」の段階では、お客様があなたに対して少し期待を持っているものの、まだ信頼できるとまでは思っていない状態です。

そして、本章の**「ステップ」の段階で、お客様に対してあなたの代わりに営業してくれる商談ツールを送ることで、あなたへの信頼はより増していく**のです。

人には、何度か繰り返して接触をすることで、相手に対する好感度や信頼感が増していくという心理があります。これは実際に対面しなければダメだと誤解されがちですが、別に対面でなくても大丈夫です。

要は、接触さえあればいいのです。

この時に頼りになるのが、**「一石二鳥な４つのツール」**です。

これらのツールを活用することで、対面で出会う前にお客様との信頼関係を深め、商談をよりスムーズに進めることが可能になります。

お客様は、営業パーソンと出会うまでの間に何もしていないわけではありません。

現代のお客様は、営業担当者と会う前に、インターネットで情報収集をしたり、友人や同僚に意見を聞くなど、様々な情報を事前にリサーチしています。

営業パーソンの中には、「ツールは商談で使うもの」と考えている人も多くいますが、**事前に情報をリサーチしているお客様にこそ、会う前にツールを送っておくことが商談の成功率を大きく高めてくれます。**

――簡単に作れる４つのツールをお送りしておく

ツールと聞くと、何か特別なものをイメージするかもしれませんが、これらはとくに費用をかけることなく、誰でも簡単に作成し、活用できるものです。

ツールは具体的には、以下の４つです。

①自己プロフィール
②お客様からよく受ける質問リスト
③商品のメリット・デメリットの一覧表
④競合の強み・弱みと自社商品との比較表

それぞれの具体的な中身については、次項以降で紹介していきますが、この4つのツールにあなたの名刺を加えた「名刺＋4つのツール」の合計5つのツールを、出会う前にお客様にお送りすることがお客様の信頼を高める「ステップ」の段階となります。

ここで重要なのは、情報提供するツールを5つまでにするということです。

「マジカルナンバー」という心理学の概念があるのですが、これは人が一度に処理できる情報の数には限界があり、その限界数は7±2、つまり5〜9つまでだということです。

情報が多すぎ、また内容も複雑になってしまうと、お客様は混乱して、逆に印象が悪くなってしまうことがあります。それを防ぐために、送るツールは下限である5つまでにしておき、情報を過度に増やさないことがポイントです。

②「手書きの自己プロフィール」があなたと会った気にさせる

——「手書き」ということが重要

第2章で、「第0印象」というものをご紹介しました（40ページ）。

第0印象が好印象であればあるほど、実際に対面した時の第一印象で信頼関係を築くのがスムーズになります。

営業の場面において、お客様と実際に会う前に、第0印象を高めるために役立つのが、「手書きの自己プロフィール」です。

記載する内容は次の通りです。

- **顔写真**
- **名前**

- **現在の住まい**
- **出身地**
- **保有資格**
- **尊敬する人**

このツールを出会う前に送っておくことで、会社名や名前が書いてあるだけの名刺に比べて、相手との距離をぐっと縮めることができるのです。**人には、相手から何かをしてもらったら、その相手に対してお返しをしたい気持ちになるという心理があります。**

手書きのプロフィールを送ることによって、「この人は、わざわざ自分のために時間を割いてくれたんだな」と感じてもらえるため、お客様はその気持ちに対して応えたいという気持ちになるのです。

ここで**重要なのは、「手書き」であること**です。

手書きであることが、他の営業パーソンとの大きな差別化になります。

デジタル化が進む現代では、手書きの文字を見る機会が少なくなっています。

「この時代に何を言ってるんだ」と思われるかもしれませんが、だからこそ手書きのプロフィールを見たお客様は新鮮さを感じ、「この人は何だか特別な存在だな」という印象が残るため、親しみやすさと信頼感を同時に伝えることができるのです。

また、**自己プロフィールには必ずあなたの顔写真を入れましょう。**

顔写真を入れておくと、人の心理として保存率が高まります。人の顔が入っているものをもらうと捨てづらいものなのです。

保存率が高くなると目にする機会が増えますので、お客様がプロフィールを見るたびに顔写真に目が行き、あなたのことを覚えて親しみを感じやすくなるのです。営業の現場においては、まず顔と名前を覚えてもらうことが非常に重要です。忘れず顔写真はつけてください。

――あなたの情報を少し開示して親しみを感じてもらう

さらに、自己プロフィールの中で、あなたの情報を少しだけ伝えることで、相手の興味を引き出す効果も生まれます。

例えば、プロフィールに「尊敬する人：元プロ野球選手のイチロー選手」と書いておけば、それが話題のきっかけになります。もし、お客様もイチロー選手に興味がある方であれば、「なぜ尊敬しているんですか?」という質問が出てくる可能性もあります。こうした共通点があることで、あなたへの親近感はどんどん高まっていくのです。

同様に、「住まい」や「出身地」といった個人的な情報を少し入れておくのも有効です。例えば、出身地が同じだとわかった瞬間、「私も同じなんです!」という共感が生まれ、それが信頼関係の構築につながります。

「マッチング仮説」という心理学の理論があります。これは人は、自分と似た経験や価値観を持つ人に対して、より親しみを感じるというものです。共通点が多いほど、会話は自然と弾み、お互いの距離も近くなるのです。

そして自己プロフィールには、保有資格や専門的なスキルがあれば記載しておきましょう。なければ、保有資格等の欄ごと消してしまって構いません。

資格やスキルは、その人の信頼性や専門性を表しますので、お客様に「この人はプロフェッショナルだ」と感じてもらいやすくなります。

例えば、不動産業界であれば「宅地建物取引士」「二級建築士」などの資格を持っていれば、それらを明記することでお客様に安心感を与えることができます。

このように、「手書きの自己プロフィール」は、お客様から、あなたの人柄や価値観を感じ取ってもらえる優れたツールです。

――内容は自然で正確に

最後に、**自己プロフィールを作成する際は、見栄を張らず、嘘偽りのない内容にしてください。**嘘の内容を書いてしまうと、何かの拍子にお客様が嘘だと気づいた瞬間に、あなたへの信頼は失われてしまいます。

お客様に対して、背伸びをする必要はありません。むしろ、素直な自分を見せることで、お客様との間に信頼感が生まれるのです。

③「趣味」と「苦手なこと」は、あなたへの親近感を加速させる

――共通の趣味は自然に距離を縮めてくれる

顔写真、名前、住まい、出身地、保有資格、尊敬する人を入れた「手書きの自己プロフィール」が、いかに有効であるかはお伝えしましたが、じつはお客様と会う前から、あなたに対する共感と親近感を高めるために、自己プロフィールに追加すると良い項目が、あと2つあります。

それは「趣味」と「苦手なこと」です。

この2つを加えることによって、「手書きの自己プロフィール」は、あなたとお客様の心の距離を一気に縮めてくれます。

人は、共通の趣味を持つ人に対して、自然と共感や親近感を持ちやすくなる傾向があり

ます。前項で述べたマッチング仮説でも、そうした傾向がわかります。

人は共通点が多いほど、相手に対して安心感を感じ、心が開きやすくなるのです。また苦手なことや、自分の弱みを見せることで、「この人は正直で誠実だな」と感じさせることもできます。これが、信頼関係を構築するうえで大切なポイントになってきます。

例えば、私の場合、野球観戦が趣味です。

また、生まれてから大学卒業までの22年間を広島で過ごしており、幼少期から地元にあるプロ野球チーム「広島東洋カープ」の熱狂的なファンです。今でも、観戦チケットが取れたら、福岡から日帰りで広島まで野球観戦に行くこともあるくらいです。

私は大学卒業後から福岡で仕事をしていたため、身近に広島東洋カープのファンは少なかったのですが、「野球観戦」という共通の趣味があるだけで、同じ趣味を持つ方々とすぐに打ち解けることができ、休日には一緒に球場に足を運ぶなど、スムーズにコミュニケーションをとることができました。

とくに印象的だったのは、福岡県内にある不動産会社の社長との初めての出会いです。

初対面の際、先方の会社の入り口に「これでもか！」というくらい、広島東洋カープグッズが飾ってあったのです。

挨拶の後、すぐにその話題になったのですが、まるでずっと昔から知り合いだったかのように意気投合し、初対面にもかかわらず心の距離が一瞬にしてなくなりました。

それ以来、出会って15年以上経った今でも、その方とは良い関係が続いており、お会いした時は、「仕事の話が2割、野球の話が8割」と、広島東洋カープの近況についての話で盛り上がります。

このように趣味を記載しておくだけで、共通の趣味があると一気に共感と親近感を増し、心の距離をなくしてくれるのです。

――「あなたの弱い部分」は共感してもらうキッカケになる

次に、「苦手なこと」についてです。人は、相手の弱い部分や苦手なことを知ることで、「自分と同じように悩んでいることがあるんだ」「弱い部分もきちんと見せてくれる人」と感じてもらえ、親近感を抱いてくれます。

私の例を1つ紹介します。

私は、「字が汚い」というコンプレックスがあります。中学生の頃からずっと抱えている悩みで、自分の書いた字を人に見せるのが今でも、内心恥ずかしいと思っています。

字がきれいになるという教材を買って試したこともありますが、まったく上達せず、自分の字に対してコンプレックスを増大させるという結果になってしまいました。

しかし、文房具商品を展開しているパイロットコーポレーションによると、「字が汚く、自分の字が嫌いだ」という方は約45％にもなるそうです（Z世代200名対象調査）。つまり、ほぼ2人に1人は同じような悩みを持っているということです。

本来隠しておきたい「字が汚い」という弱い部分をさらけ出すだけで、約2人に1人がそのことに共感し、親近感を抱いてくれるのです。さらに、弱みを見せることができる誠実な人という印象を与えることもできます。

つまり、**あなたの「苦手なこと」は、営業場面においては「強み」に変わってくれる**のです。

――営業的にマイナスな印象のことは書かない

このように自己プロフィールにおいては、あなたの趣味や苦手としていることを伝えることが、信頼関係を構築するための強い武器になってくれるのですが、苦手なことに関しては1つだけ注意が必要です。

それは、営業活動にマイナスな印象を与えるような内容は書かないということです。

例えば、「人と話すことが苦手」「コミュニケーションが苦手」「勉強が苦手」などは、お客様に不安を感じさせてしまいますので、避けるようにします。

それよりも、「字が汚い」「運動音痴」など、多くの方に共感されやすい内容で、あなたの苦手な部分を出すことをお勧めします。

自己プロフィールはとくに、こだわって作成する必要はありません。お客様が見て、あなたの〝人となり〟が伝われば十分です。

自分自身のことを振り返ってみて、ぜひあなただけのオリジナルプロフィールを作成してみてください。

④「よく受ける質問リスト」が、親身に考えてくれる人と思わせる

――他の人が気になることは誰もが気になること

営業において、お客様に好印象を与えるための方法はいくつかありますが、その中でも「お客様からよく受ける質問リスト」と、その質問への回答を先に送っておくことは、とても効果的です。

例えば、私が働いていた不動産関係の営業であれば、

「住宅ローンの金利について」「将来の資産価値」「リフォームの必要性」「月々の支払い」「諸経費はどのくらいかかるのか」「家は何年もつのか」「家を購入した後はどんなお金がかかるのか？」

など、よく受ける質問はある程度決まっています。

では、なぜこのツールがそれほど有効なのでしょうか？

人には、「他の人が気になることは、自分も気になる」という心理があり、他の人の行動や意見に影響を受けやすい傾向があります。これは心理学では**「社会的証明」**と呼ばれます。

何か商品を購入したり、決断をしないといけない場面で、自分が何を選ぶべきか、どうするべきなのか迷った時に、大半の方は「他の人がどうしているのか」を参考にします。

楽天やアマゾンなどで、商品を購入されたことのある方も多いと思いますが、購入する前に、その商品のクチコミやレビューを参考にしませんでしたか？

人とは、自分ひとりの考えではなかなか判断できず、失敗をしないために、同じような状況の人の意見を参考にしたくなるものなのです。

――お客様に心理的な安心感を与えることができる

この心理は、営業の場面でも活用できます。

「よく受ける質問リスト」を送ることで、お客様は「他のお客様も自分と同じような疑問を持っている」「他の人も同じような質問をしているのか。自分の考えは間違っていないんだ」と感じることができ、心理的な安心感を得ることができるのです。

また、**疑問に対する回答も同時に得られるので、頭を整理することができ、あなたが説明をしなくても、ツールがお客様の悩みを事前に解決してくれます。**

そして、そのようなツールを送ってくれた営業パーソンに対して、「自分のニーズや疑問に対して共感してくれる信頼できる人」だと感じてくれるのです。

「お客様からよく受ける質問リスト」と、その回答を送っておくことで、実際に対面していなくても、間接的にお客様の悩みに応えることができ、「小さな気づかい」としてお客様に捉えてもらえ、あなたに対する信頼感を生んでくれるのです。

最初は作成するのに少し手間がかかるかもしれませんが、その効果は絶大です。

もし、自分だけで質問内容が思いつかなければ、同僚や先輩に聞くなどして作成してください。

一度作れば、その後は新たに聞かれた内容を追加していくだけで、質問リストはブラッシュアップされ、どんどん質の高いツールに育っていきます。

ぜひ、あなたも「お客様からよく受ける質問リスト」を活用してください。

5 「メリット・デメリット一覧表」が、正直で誠実な人と思わせる

──デメリットを伝えることで信頼感と納得感を感じてもらう

「この商品は、このように良いところしかありません！　とてもオススメです！」

私は接客を受けていて、こんなことしか言ってこない営業パーソンほど胡散臭いと思ってしまい、信用できません。

営業の現場で、「商品のメリットを強調してひたすら伝える」営業パーソンはたくさんいます。買う商品が何十円のお菓子や、何百円の雑貨くらいなら、その営業手法でも何とかなるかもしれません。しかし、この売り方は商品が高額になればなるほど通用しなくなります。

営業パーソンがメリットしか伝えない場合、お客様は「この人、何か隠しているんじゃないか？」と警戒してしまいます。

商品の検討をしている方には、**メリットだけでなくデメリットもあわせて正直に伝えることで、「ちゃんと自分のことを考えてくれている」という安心感を持ってもらうことができます。**これは**「両面提示の法則」**という心理効果です。

なぜ安心感を持ってもらえるのでしょうか？

人がモノを購入する際は、「今、抱えている苦痛を解消したい」という気持ちからスタートしています。そして苦痛とは、悩みとも言い換えられます。

私が携わる住宅業界の場合だと、「家賃がもったいない」「部屋数が足りない」などが、よくある悩みです。

だからこそ、抱えている悩みを解消してくれる商品を手に入れることで、その悩みを解消し、「快楽を得たい」という気持ちが働くのです。

しかし、人にはその選択が間違っていたらどうしようという不安もあります。当然、買う前には、「買った後に失敗したと思いたくない」という感情が出てきます。

よくあるクレームの1つに「そんな話は聞いてなかった」というものがあります。商品の良いことばかりを伝えて悪い部分を隠したまま、たまたま販売ができてしまうと、こういうことが起こります。

だからこそ、商品のメリットだけではなく、デメリットも必ず伝えて、それを理解してもらったうえで、商品を検討していただかなければならないのです。

——メリットとデメリットの一覧は意思決定の参考になる

お客様と出会う前に「メリット・デメリット一覧表」とそのデメリットへの解決方法を記載したツールを送っておくことで、こうした感情や気持ちを満足させることができ、説得力のある営業パーソンとしての印象を与えることになります。

例えば、次のような商品説明をされたと想像してみてください。

「この商品は確かに、他の商品に比べて少し値段が高い。ただその分、品質やアフターサービスが非常に充実している」

「この家の洗面室は少し狭い。ただその分、お風呂のスペースが広くなっている」

このような商品のデメリットとメリットの両方の面を伝えることで、お客様は「この人は自分のことを考えて、正直に悪い部分も伝えてくれている」と感じてもらえるのです。この時、デメリットを先に伝え、メリットを後に伝えるようにしてください。後からのほうが印象に残りやすいからです。

さらに、こうしたメリットとデメリットを一覧表にして送ることで、先ほどの自己プロフィール同様に、お客様の手元にあれば何度も見返すことができます。

現代の忙しい生活の中では、多くの人が「結果がすぐ欲しい」と感じています。メリット・デメリット一覧表を活用することで、お客様は商品について一目で理解することができ、迅速に意思決定ができるようになります。

これにより、実際に会った際も、話がスムーズに進み、お互いにとって効率的な時間の使い方ができるのです。

また、一緒に送付する「よく受ける質問リストと回答ツール」が相乗効果を発揮し、お客様は「この点は少しデメリットとして気になるけど、こうやって対応しているんだ」と思ってくれます。

こうしてお客様は、**納得感を持ちながら商品の検討をしやすくなる**のです。

メリットだけでなく、デメリットを一緒に伝えることが信頼につながり、成約率を高めてくれる武器となるのです。

⑥「競合と自社との比較表」が、業界のプロだと思わせる

――商品購入では他商品との「比較」が必ずある

「他社の製品とも比較してみないと、購入は決断できません」

これは私が、パンフレットでの商品説明営業をしていた時代に、お客様からよく言われた言葉です。

ほとんどのお客様が抱く感情であり、また高額商品になればなるほど、この気持ちは一層強くなります。自社の商品説明だけをしていた当時の私は、売れなくて当然だったと思います。

人が何かを購入する際には、購入にいたるまでに一連のプロセスをふんでいます。マー

ケティングの視点から考えると、このプロセスは以下のようになります。

●商品のことを「認知」する
●商品に対して「興味」を持つ
●どんな商品なのかを「検索」する
●様々な商品を「比較」する
●商品を購入するかどうか「検討」する
●どの商品を購入するかを「決定」する
●気に入った商品であれば、情報を外部に「シェア」する

このような段階をたどって、商品の購入を検討し、購入にいたるケースが大半です。
具体的に、住宅を購入するまでの購入心理の一例を紹介します。

・認知：「へー。ここに新築のマンションが建設されるんだ」
・興味：「場所は理想的だな。いくらくらいで、どんな間取りなんだろう。いつ完成かな」
・検索：「ネットに情報出てないかな。あっ、いろんな情報が出てるな」

・比較：「少し離れた場所に中古物件もある。価格はそちらのほうが安いけど、新築のほうが間取りの変更も可能だし、場所もやっぱり魅力的だな」
・検討：「何を優先するかで、変わってくるな。どうしようかな」
・決定：「新しいほうが気持ちもいいし、場所もやっぱり重要だから新築マンションのほうにしよう」
・シェア：「せっかくだから、友人にもこのマンションのことを教えてあげよう」

ここで重要なのは、商品購入時には必ず他の商品との「比較」が行われている点です。

そこで、役立つツールが、**「競合の強み・弱みと自社との比較表」**であり、このツールを送るだけで、あなたの代わりにお客様に営業をしてくれるのです。

――他社商品との比較表はあなたの信頼感を高める

まず、このツールを送ることで、競合商品の良い部分と悪い部分を理解していることがお客様に伝わり、「この営業パーソンは業界に詳しく、頼りになる」という印象を与えてくれます。

そして、競合と自社商品を客観的に比較してどうなのかが一目でわかるため、お客様の

「比較」「検討」をサポートする判断材料を提供することができるのです。
これにより、情報を提供してくれたあなたへの信頼がさらに生まれます。

さらに、もう1つ重要なのは、前項で述べたメリットとデメリットについて、競合に関しても、その両面を隠さず伝えることです。

仮に競合の物件が「駅から近い」「価格が安い」といった強みを持っている場合は、それを無視せずにきちんと伝えることが大切です。

そのうえで、自社の物件の「内装の品質が高い」「アフターサービスが充実している」といった別の差別化ポイントを伝えることで、お客様は「この営業パーソンは、誠実に公平に見ている」と感じてくれ、あなたへの信頼は深まっていくのです。

また、お客様から「この人はしっかりと勉強していて、他の選択肢も検討したうえで最適な提案をしてくれている」と思ってもらえる効果もあります。

現代のお客様の購入判断は、「モノ」ではなく「ヒト」です。

「この人なら安心して任せられる」と思ってもらえることが、競合との差を生み出し、あなたを選ばれる営業パーソンにしてくれるのです。

⑦ ツールを対面前に渡しておくと商談時間を短縮できる

――早めの情報提供はお客様のためにも営業のためにもなる

以前は、私も営業ツールを商談時だけに使っていた時期がありました。

しかし、営業活動の他にも多くの業務や雑務をこなさなければならない中で、お客様との対面時間を少しでも短くできないだろうかとずっと考えていました。もちろん、十分な情報提供とフォローができているという前提で、です。

営業の現場でよくある悩みの1つに「時間が足りない」ということがあると思います。お客様との商談やフォロー、資料の作成など、やるべきことは山積みです。その限られた時間の中で、お客様の信頼を得ながら効率的に結果を出すためには、限られた時間をいかに有効に使うかがカギとなるのです。

この課題に対する有効な解決策が、「対面する前に、ツールをお客様に送っておく」ことです。

何か新しいことを学ぶ際、その学びの手助けとなる情報を先に得ることで、学習の効果が高まります。また、一度にたくさんの情報を処理することが難しいため、前もって情報を渡しておくと考える負担が軽くなり、スムーズに理解できるようになるという効果もあります。

私は住宅営業をしていましたので、まず「契約書」と「重要事項説明書」という書類を契約をする3日前にお客様に送ってみました。

契約書の説明には、それほど時間がかからないのですが、重要事項説明は、お客様からの質問を受けながら行うと2時間以上もかかってしまい、多くの時間を割かなければなりません。

しかし、**事前にこれらの書類を送っておくことで、お客様が内容を確認し、質問を準備してきてくれるようになったのです。**

この方法で、私は重要事項説明にかかっていた時間を大幅に短縮することができました。

――「私のために準備をしてくれている」と思っていただける

この経験を商談に応用させたのが、この章で紹介している「４つのツール」です。

実際、これらのツールをお客様に事前に送ったところ、先ほどの重要事項説明と同じように、お客様があらかじめ内容を確認し、自分なりに情報を整理して、具体的な質問や疑問点を持ってきてくれるケースが多くなりました。

結果として、私は対面の接客時間を大幅に短縮しながらも、質の高いコミュニケーションをとることができたのです。

さらに、事前にツール提供をすることによって、**「この担当者は私のために準備をしてくれている」という良い印象をお客様が持ってくれて、お客様からの信頼を高めることにもつながったのです。**

お客様と出会う前に、先に「名刺＋４つのツール」を送っておくだけで、これらのツールがあなたの代わりにお客様に営業をしてくれ、かつ信頼も得られます。そして、出会った後の商談の時間までも短縮することができるようになるのです。

商談時にしかツールを活用されていない方は、ぜひ対面の前に送付してみてください。

⑧ 郵送後に一報入れると、とても親身な人だと思われる

——送りっぱなしではなく必ず連絡をする

あなたは、思いやりを感じられる人と、そうでない人とでは、どちらに好印象を抱きますか？　当然、思いやりを感じられる人のほうではないでしょうか。

本章の「ステップ」の段階で、お客様から思いやりがある親身な人だと思われるためには、お客様から「この人は自分のことを本当に考えてくれている」と思ってもらうことが欠かせません。

お客様の気持ちに寄り添いながらできる簡単な声掛けが、２つあります。

１つ目は、次のような声掛けです。

「遅くても2日以内には届くと思います。もし届かなければご連絡ください」

2日というのは、郵送した場合ですので、メールで送る場合は、２日の部分を「先ほど

お送りしました」と変えてください。

この一言を添えるだけで、お客様に「この人は自分のことを考えてくれている」と感じてもらうことができます。

資料を送っただけで終わりではなく、その後の状況も気にかけていると示すことで、「この営業パーソンは、しっかりとフォローアップをしてくれる」と感じ、あなたへの信頼が自然と高まるのです。

ここでのポイントは、たんに「資料を送りました」という事実を伝えるだけではなく、「もし届かなければご連絡ください」と加えて配慮の姿勢を見せることです。これは、お客様に「この人は自分を大切にしてくれている」と感じてもらうための大切なアプローチになります。

たった一言ですが、そのちょっとした一言を伝えるか伝えないかが、大きな違いを生むのです。

例えば、あなたがお客様の立場だとして考えてみてください。

まったく同じ商品を販売している2社から営業を受けているとしましょう。

一方は、資料を送ったことの連絡も、その後のフォローもまったくない。もう一方は先ほどご紹介したようなフォローアップの連絡を入れてくれた。

この場合、どちらにより信頼感を抱くでしょうか？　多くの方が、後者の営業パーソンに対して好感を持つはずです。このように、小さなことでも相手に対して配慮のある行動をすることで、信頼関係は大きく変わってくるのです。

――「不明な点はご相談を」と伝えて不安を払ってあげる

２つ目は、次のような声掛けです。

「不明点があればお会いする前でも大丈夫ですので、必ずご相談くださいね」

ツールを送付しても、お客様が疑問を抱えたまま、面談当日に初めて話をするのでは誤解や不安の原因となり、信頼関係を損なうリスクになります。

この声掛けをしておくことで、お客様は**「自分のことを考えてくれている」と感じ、信頼感も深まり、お客様が「気軽に質問できる状況」を作ることができるのです。**

また、事前に質問の機会を設けることで、対面時の商談効率が格段に上がります。

しかも、お客様が抱えている具体的な問題点や関心事項をあらかじめ把握することができ、より的確な提案や回答を用意することが可能になります。

お客様は「この営業マンは自分のニーズをしっかり理解してくれている」と感じ、よりあなたへの信頼度合いが高まっていくのです。

⑨ 正確な情報を伝えるために6か月で資料をブラッシュアップ

――信頼感は情報の新鮮さからも生まれる

「情報が古いので、資料を最新にブラッシュアップしてください」


これは、私が支援しているクライアントの企業様によくお伝えしていることです。

お客様からの信頼を得るためには、最新の正確な情報を伝えることが不可欠です。

そのため、先ほどの「4つのツール」に記載した情報は、定期的な見直しが必要になります。

私は住宅業界に長く携わっていますが、民法や宅建業法、税制など、毎年改正しているのではないかと錯覚してしまうくらい、たびたび内容が変わります。

また、住宅ローンの金利は毎月変わる可能性もあるため、とくに注意が必要です。

仮に5000万円の住宅ローンの場合で、金利1％で35年借りるのと、金利1・1％で35年借りるのとでは、総額で約100万円支払う額が変わってきます。たった0・1％の差でこんなにも変わるのです。

また、商品を購入するお客様の思考や考え方も、定期的に変わります。昨今では、コロナ禍のように世の中を大きく変える出来事もありました。

世の中に大きな変化があると、これまで常識だと思っていたことが、非常識に変わってしまうなど、お客様の商品を求める考え方自体も変わってしまうのです。

さらに、情報は生鮮食品と同じで、鮮度がとても重要です。**情報が新鮮であることは、お客様に対して「この人は最新の動向を把握している」と感じてもらえる効果があります。**

逆に、鮮度が悪く古い情報を伝えてしまうと、お客様に「この人は最近のことにあまり詳しくないのかな。大丈夫だろうか…」という不安感を抱かせてしまいます。

だからこそ、自身の仕事に関する情報については、定期的な見直しが必要になるのです。

──自信を持って話すことでプロフェッショナルな印象になる

では、どのくらいのペースで見直しをすればいいのでしょうか。

1年放置すると世の中や自社商品、他社商品の状況も変わっている可能性が高まるため、金利のように毎月変わる可能性があるものでない限りは、6か月ごとに見直すことをお勧めします。

見直しをして、変更箇所がなければ、元のツールをそのまま使用すればいいのです。

6か月ごとに資料を見直すことにはいくつかのメリットがあります。

まず、常に最新の情報を持っていることで、お客様に「プロフェッショナルな営業パーソン」という印象を与えることができます。最新の情報に基づいた提案は、お客様にとって信頼できるものとなり、購入の意思決定を後押ししてくれます。

また、**資料の定期的な見直しは、営業パーソン自身の知識のアップデートにもつながります。お客様に説明する際も、自信を持って話ができるようになります。**

自信を持って話すことは、営業場面において非常に重要で、お客様にもその自信が伝わることで信頼感が生まれるのです。

営業活動において、最新の情報を提供することは、信頼を勝ち取るための基本中の基本ですので、お客様に常に新鮮で信頼性のある情報を届けることを意識してください。

⑩ 公的なデータを引用すると驚くほどに信用される

――感想やイメージではなく正確なエビデンスが信頼感を増加させる

「それは事実ですか？　あなたの解釈ですか？」

私はこのようなことを、新人の営業時代にお客様から言われたことがあります。

この時は銀行が公表している住宅ローン金利の話だったのですが、私は、「○○銀行が昨日発表した最新の情報です」とお伝えしたところ、お客様は「そうなんですね！」と明るい表情に一変しました。

この経験から、**お客様はイチ営業パーソンからの情報ではなく、信用性の高い会社や機関が発表している事実を知りたがっている**のだと学びました。

このように提案する商品やサービスの信頼性を高めて、お客様の抱える不安を払拭するためには、エビデンス（根拠、裏付け）のある資料を活用することがとても有効です。

とくに、先ほどご紹介したように、信頼性の高い機関からの情報や、公的に発表されている情報を引用することで、あなたの言葉や提案の説得力は格段に増すのです。

―「何を言うか」よりもエビデンスがあることが重要

「公的なデータ」と聞くと、何か堅苦しいイメージを持つかもしれませんが、実はこれが重要なポイントです。

政府機関や、有名な研究機関が発表しているデータは、その道の専門家たちが多くの時間と労力をかけて収集・分析しており、信憑性は非常に高いといえます。

また、人間の心理として、第三者の情報やデータのほうが信頼されやすいという特性があります。つまり、自分の言葉だけでなく、信頼できるエビデンス資料を活用することで、お客様の心をつかむことが可能になるのです。

先ほどの例で挙げた、住宅ローンの金利情報についても「住宅ローンの金利は今が一番低いのです」と、私がお客様に口頭で伝えるだけでは、お客様はその情報の信頼性を疑っていました。

では、どのように伝えればよかったのでしょうか。

1つの参考例としては、次のようになります。

「じつは、日銀の最新のレポートによると、現在の住宅ローン金利は過去10年間で最も低い水準にあると報告されています。これを利用することで、毎月の返済額を抑え、長期的な支払い負担を軽減することができるんですよ」

このように、具体的に発表されている公的なデータを活用することで、お客様に「日銀のデータなら信頼できる」と感じてもらえます。ここで**大切なのは、「何を言うか」だけではなく、どのような「エビデンス」があるかなのです。**

――データの出所は必ず伝える

しかし、公的なデータを使う際に注意すべきポイントが2つあります。

まず1つ目は、データが最新であるかどうかの確認です。古いデータを引用してしまうと、逆に信頼を失う原因になりかねません。先ほどご紹介したように、6か月に一度は情報のブラッシュアップを行うようにしましょう。

そして2つ目は、データの出所を明確に示すことです。

例えば、「日銀のデータによると…」という形で、具体的にどの機関が発表したデータなのかを伝えることで、お客様の信頼を得やすくなります。また、具体的な数値や事例を挙げることで、より一層の説得力を持たせることもできるのです。

エビデンス資料の活用は、お客様の疑問や不安を解消してくれ、あなたの提案に対する信頼を築くための強力な武器になります。

信頼される営業パーソンになるためには、言葉だけでなく、裏付けとなるエビデンスが必要不可欠なのです。

お客様と
初めて対面する前までに
必ずやっておくこと

第4章

① 前日の「リマインドメール」は、「特別扱い」を感じてもらえる

――前日にリマインドメールを出す人は意外といない

初対面のお客様に対して信頼を築くための第一歩は、面談の前にたった一通の「リマインドメール」（再確認のメール）を送ることです。

「何だ、そんな当たり前のことか」

と思われるかもしれませんが、驚くべきことに、この「当たり前」を実践できている営業パーソンは意外と少ないのです。

しかし、このリマインドメールは、信頼を獲得するための大きなカギとなります。

お客様は、「営業パーソンにとって、自分は数多くいるお客の一人に過ぎない」と感じ、不満に思っていることがあります。

だからこそ、**自分が「特別扱い」されていると感じると、その相手に対して親近感を抱きやすくなります。**前日にメールを送ることで、「この営業は自分だけを特別に見てくれている」と感じてもらうことができれば、それはあなたにとって大きなアドバンテージになるのです。

――送るタイミングは前日の午前10時から12時の間

また、リマインドメールは送るタイミングを少し工夫するだけで、お客様に与える印象を大きく変えることができます。そのタイミングは、

「面談する前日の、午前10時から12時までの間」

に送ることです。

前日の12時までにメールを受け取ることで、お客様にその日の午後や翌朝に、あなたとの約束を意識する時間を持たせることができます。

お客様は普段働いている方が大半です。午前中は書類の整理や会議を行っていることが多いため、メールを確認する時間がありません。

また、専業主婦の方も家事に追われ、午前中にプライベートな時間を確保することが難しい場合があります。

では、自分の時間を確保し、メールを確認しやすいタイミングはいつでしょうか？

それは、「お昼休憩の時間」です。

その**お昼休憩のタイミングで、メールに気づいてもらえるように、前日の午前10時から12時までに送ることが大切なのです。**

朝、早すぎると、せっかく送ったメールが後から来たメールに埋もれてしまうかもしれませんし、「相手の時間を考えていない人」と思われてしまう可能性もあります。

といって、前日の夕方や夜にメールを送ると、ギリギリに送ってきたような印象を持たれてしまうかもしれませんし、リマインドメールが届いていること自体に気づいてもらえないリスクもあるのです。

――リマインドでもテンプレートではなくお客様に合わせた内容に

メールの内容にも少し工夫することで、より親身な人を演じることができます。

例えば、「明日の○○時にお会いできるのを楽しみにしています」といった基本的な文言だけでなく、「先日お送りした資料の内容で、ご不明な点があれば明日聞かせていただければと思います」という一言を添えることで、相手に「この人は自分のことをちゃんと考えてくれている」と感じさせることができます。

〈リマインドメールのモデル文例〉

件名：株式会社〇〇の谷崎真吾（たにざきしんご）です。明日のご面談の時間について
内容：
□□様
　お忙しいところ失礼致します。
　株式会社〇〇の谷崎です。
　先日はお問い合わせの電話をいただき、誠にありがとうございました。
　明日のご面談の時間と場所についてご連絡さしあげました。

　日時：◆年◆月◆日　◆時～
　場所：△△△

　先日□□様がおっしゃっていたお支払いに関してのお悩みやご不安についても、明日お会いした際に、お聞かせいただければと思います。
　もし明日のご都合が悪くなるようなことがございましたら、改めて日程調整を行いますので、お気軽にお申しつけください。

　それでは、明日◆時に□□様とお会いできることを楽しみにしております。

株式会社〇〇
谷崎真吾（たにざきしんご）
連絡先：〇〇
メールアドレス：〇〇

「先日お話しされていたお子様の学校のことについても、明日お聞かせいただければと思います」

「先日伺ったお悩みについても、明日お聞かせいただければと思います」

といった具合に、**初回の電話問い合わせでのやり取りや、お客様が話していた内容を一言添えると、「自分の言ったことを覚えているし、自分のことを気にかけてくれる人」と良い印象を与えることもできます。**

前ページに、私が送っていたリマインドメールのテンプレートを紹介します。シンプルですが、相手に親身さを感じさせる工夫を盛り込んでいます。

1つ注意してほしいのは、人は物事をすぐに忘れてしまう生き物であるということです。お客様を多く抱えている営業パーソンほど、リマインドメールを送るのを忘れてしまうことが多いため、面談日時が決まったら、その都度、誰に対して、いつ何のメールを送るのかをスケジュールに落としておくことを忘れないよう心がけてください。

このような小さい気づかいを積み重ねれば、お客様は、あなたに対する心のハードルが下がった状態で、初対面を迎えることができるのです。

②予定の30分前に到着すれば、時間を大事にしている人と思われる

——早く到着するとたくさんのメリットがある

「授業が始まる5分前には集合！」

あなたも学生時代に一度は、このような言葉を先生から言われたことがありませんか？授業をスムーズに進めていくために、とても大切なことではあるのですが、この言葉の解釈を誤解している人はとても多いようです。

この言葉を少し補足すると、「5分前に集合すること」が目的なのではなく、**「5分前には集合できるように動き出す」**ということです。

つまり、「先々の見通しを持って行動をすること」が、この言葉の重要な意味合いなのです。

時間を守ることは、どんな仕事でも重要です。しかも営業の世界では、それが「信頼」に直結します。

もし、初めての面談の際に、お客様が先に到着していて、営業パーソンが遅刻するなんてことが起こってしまえば、その瞬間に信頼を失ってしまう可能性が高いのです。

では、先々の見通しを持って行動するためには、どのようなことに気をつければよいのでしょうか？　それは、とてもシンプルです。

「予定時間の30分前に待ち合わせ場所に到着する」ことです。

「そんなに早く着いたら、時間を持てあますだけじゃない？」と思われるかもしれませんが、お客様と面談をする際においては、常に「先々の見通しを持つこと」がとても大切です。

早めに到着することで、万が一のトラブルにも余裕を持って対応できます。電車の遅延や交通事故による渋滞など、予期せぬハプニングが起きても、30分前に到着できる余裕があれば、それほど慌てることはありません。この余裕があるだけで、あなたは心の準備もしっかり整えることができますまた、時間に余裕を持って行動することは、相手に「この人は時間を大切にしている」と感じさせる大きなポイントです。

もしも、お客様があなたよりもさらに早く到着していた場合でも、「お早いですね！私も少し早めに着いて準備しておこうと思っていました」と軽やかに挨拶できれば、その場の空気を和らげることもできます。

さらに、30分前に到着することで、待ち合わせ場所や周辺の環境を事前に確認することができます。例えば、カフェでの待ち合わせなら、お店の混み具合や座席の配置をチェックして、より良い場所を選ぶことができます。

お客様が到着した時に、スムーズに案内できるようにしておくことで、「準備をしっかりしている人」と好印象を与えられるのです。

――時間を上手に使うことは誰でもできる

「時間を大切にしている人」と思われるためには、相手の時間を尊重する姿勢をどのように見せるかも重要です。例えば、現地に早めに到着したら、ただ待つのではなく、お客様に「早めに着いておりますので、焦らず気をつけてお越しください」と一報入れておくと効果的です。

この一言をお送りすることで、すでに到着しているという事実とともに、**お客様の時間を気づかっている姿勢もアピールすることができる**のです。

このような時間の使い方は、営業経験の浅い方でも、すぐに実践できます。

難しいテクニックは必要なく、ただ先のことを見通して早めに行動するだけで、相手に好印象を与えることができるのです。

そして、その30分間を、頭の中で今日の流れやポイントを再確認する時間にあてれば、実際に対面した時の7秒間も、より自信を持って臨めるでしょう。

お客様との面談の時は、「5分前行動」ではなく「30分前行動」を実践してみてください。

たったこれだけの工夫で、信頼される営業パーソンへの第一歩が踏み出せます。

30分早く行動するというシンプルな行動で、初対面の7秒が、より効果的なものになるのです。

③ 商談場所は、照明はもちろん、空調も整えておく

――意外に大事なのが商談場所の選び方

人の第一印象の判断は7秒であることをご紹介してきましたが、もう1つ押さえておかなければいけない大事なことがあります。

それは、「商談場所」についての印象を決定するのも7秒ということです。

商談の初めの7秒間は、お客様から信頼を得られるかどうかの分岐点です。

この短時間でお客様に好印象を与えるには、営業パーソンの見た目や対応だけでなく、「商談をする場所」の環境作りにも気を配ることが重要です。

ここでは、お店や会社で商談する際の、照明と空調管理の2つのポイントについて紹介します。

まず、最初に商談をする場所は、照明の明るさと光の当たり方が重要となります。

とくに初対面においては、うす暗い場所での商談はデメリットになります。

照明が暗いと、お互いの表情が見えにくく、視線が合いにくくなり、会話がぎこちなくなります。人は、相手の表情や視線からも感情を読み取っているため、表情が見える明るさを確保することが大切です。

また、書類も見づらくなってしまい、お客様によけいなストレスを与えてしまう結果となります。


商談前には、自分の席とお客様の席が暗すぎないかを、必ず確認するようにしましょう。顔に影ができないように、自然光も取り入れた明るさが理想的です。

窓がある場合はカーテンを開け、日光を取り入れることで部屋全体が柔らかい光に包まれ、リラックスした雰囲気を作り出してくれます。

また、商談が夕方以降や光の入らない場所で行われる場合は、デスクライトや間接照明などを使って、顔の表情や書類が見えやすくなるよう調整しましょう。

空調管理も商談の成功を左右する要素になります。

初対面ではとくに、お客様が快適に感じられるよう、室内環境を整えておくことが必要です。重要なのは、「整える」ではなく「整えておく」ことです。

お客様が来られてから空調をつけたとしても、その空間が快適な温度になるまでには、一定の時間がかかります。

しつこいようですが、第一印象は7秒で決まってしまいます。**店舗や商談スペースに来られた瞬間に、お客様から「ちょうど良い涼しさ・暖かさ」と感じてもらうことで、「気配りのできる営業パーソンだな」と感じてもらうことができるのです。**

春と秋は20度、夏は24度、冬は22度になるように、換気と空調で室内環境を整えておきましょう。

――早く到着してお客様のことを考えた環境を作る

ただし、お客様の体感温度には個人差があるので、「エアコンの温度は大丈夫ですか？」と適時、声をかけることが大切です。

また、直接風が当たっていると、不快な気持ちになりますし、体調を崩してしまう方もいるので、お客様が座られる商談スペースは冷房や暖房の風が直接当たらない場所を選ぶようにしましょう。

もしも商談場所がカフェなどで、自分で空調を操作できない場合は、お店のスタッフの方に相談をして、温度を調整してもらうなどの対策をしてください。

このような**小さな声掛けや心づかいが、お客様にとって「気の利く人だな」という好印象につながるのです。**

次回の商談から、ぜひ「明るさ」と「快適さ」をしっかり整えて、お客様に最高の第一印象を与えましょう。

④ お客様は自分だけを見てほしい。携帯電話は手元に置かない

――携帯電話は話の流れを止めてしまう

リマインドメールの項（120ページ）でお伝えしたように、多くのお客様は「自分だけを特別に見ていてほしい」と思っています。ですので、初対面の商談ではお客様に対する敬意や、あなたがどれだけこの商談に集中しているかが、すぐに伝わります。

人は本能的に、相手が自分に対して「どれほどの関心を寄せてくれているのか」を敏感に感じて、どれだけ真剣に向き合っているのか、どれほど集中してくれているのかを、無意識のうちに観察しているのです。

そして、とくに注意が必要なのが「携帯電話の扱い」です。

例えば、商談中に携帯電話が鳴ったり、画面をちらっと見るだけでも、お客様は「この

人は本当に自分に集中してくれているのか？」と不安に感じます。小さな動作が、大きな信頼の損失につながることもあるのです。

「そんな小さなこと、いちいち気にしなくても大丈夫でしょ」と些細なこととして捉える方もいるかもしれませんが、その些細なことをしてしまった瞬間に、商談の流れは止まります。

商談中、不意にかかってくる電話やメールなどの着信音が鳴ると、人の集中力は大きく削がれてしまいます。

とくに初対面時では、話の流れが止まり、場の雰囲気も崩れてしまうのです。

騒音や、予期していない時に聞こえた音というのは、人の集中力を著しく低下させますので、よけいな音は一切遮断しておくことが重要です。

「携帯電話が鳴っても、取らなければ大丈夫でしょ」

と思う方もいるかもしれませんが、それだけでは十分ではありません。

例えば、携帯電話の音を止めるために動くだけで商談の流れを止める要因になってしまいます。

お客様はその動作から、「他にも大事なことがあるのだろうか」と考えなくてもよい無駄な心配をしてしまい、商談に集中できなくなってしまうのです。

――携帯が鳴っても出ない

まず、もし携帯電話が鳴っても、お客様の前では絶対に出ないことが大前提です。

商談中は、携帯電話の通知をオフにするか、マナーモードにするのはもちろん、可能であればカバンの中にしまっておく、自社店舗での商談であればバックヤードに置いておくなど、お客様の視界に入らないようにしておきましょう。

たったこれだけの対策で、お客様に対する集中力を示すことができ、信頼を深めることができます。

携帯電話は、現代生活において欠かすことのできない必需品です。

だからこそ、**商談中だけは携帯電話を自分から遠ざけ、「お客様との時間を何よりも大切にしている」という姿勢を見せる**ことで、より強い信頼関係を築いていくことができるのです。

次回の商談から、ぜひ「携帯電話は手元に置かない」を実践してみてください。

⑤ 爪は切って研いでおき、自己管理ができる人と印象づける

——「指先」は自己管理を象徴するパーツ

「この人は、普段から爪を噛んでいるんだろうな」

そんな印象を受けるほど爪がガタガタになっている営業パーソンの方に会ったことがあります。

爪を噛むこと自体を否定するわけではないのですが、「人と会う際には、爪のケアくらいしておきなさいよ！」と感じてしまい、「自己管理ができない人なんだな」と、その人の印象が悪くなってしまいました。

何度もお伝えしているように、初対面では、お客様と出会って名刺を手渡す7秒までに、あなたの印象がほぼ決まります。

そして、その中でも**意外と見落とされがちなのが「指先」**です。

人は無意識のうちに相手の手元に目を向けています。そして、その指先の清潔さや手入れの具合から、その人の性格や生活態度を、勝手に判断しているのです。

商談の場では、名刺交換が最初の重要なコミュニケーションになります。

その際に、あなたの指先や、とくに爪がどう見えるかは、あなたが思っている以上に大切な要素となります。

もし爪が伸びていたり、爪の間が汚れていたりすれば、どれだけ立派なスーツを着ていても、どれほど丁寧な言葉づかいをしていても、相手に「だらしない」「細かいところに気が配れない人」といったマイナスの印象を与えてしまうのです。

指先は、その人の自己管理能力を象徴するパーツです。

きちんと手入れされた指先は、自分をしっかりと管理していることを伝えられますが、逆に手入れが行き届いていない指先は、自己管理の甘さを露呈し、信頼を損ねる原因になりかねません。

お客様から信頼されるためには、指先にまで注意をはらうことが大切なのです。

爪の手入れで大事なのは「清潔感」

では、具体的にどのように指先を整えておけばいいのでしょうか？

爪は、白い部分が1ミリ程度になるように切りそろえ、やすりで研いでおけば、それで十分です。

爪が長すぎると、不衛生な印象を与えるだけでなく、何かに引っかかってケガをさせてしまうリスクもあります。短く整えられた爪は清潔感を与え、お客様に「この人はきちんとしている」という印象を与えることができます。

また、爪の表面にも注意をはらいましょう。凹凸があったり、割れていたりすると、手入れ不足と思われてしまいます。定期的に表面を磨くバッファーというやすりを使って、爪の表面も滑らかに整えて清潔感を保ちましょう。

わざわざネイルサロンに行って爪をピカピカにするようなことはしなくても大丈夫です。ここでも**重要なのは、高級感やお洒落さよりも「清潔感」です。**

爪の表面にマットクリアタイプのネイルコートを塗っておけば、爪のくすみや乾燥を防ぐことができ、健康的に見えるだけでなく、お客様に対して自己管理ができている印象を強調することができます。

ネットストアを見れば、1500円程度で買えるものばかりですので、ぜひ試してみてください。

さらに、ケアすべきなのは爪だけではありません。手全体の清潔さにも注意が必要です。乾燥して荒れた手は見た目も悪く、触れた際の感触も良くありません。市販のもので構いませんので、定期的にハンドクリームを使って手全体を潤しておくことが大切です。**指先のケアは、営業において単なる身だしなみではなく、信頼を築くための重要な要素です。**

名刺交換の瞬間に「自己管理がしっかりしている人」という印象を残すために、指先まで気を配りましょう。それが、成功する営業への第一歩です。

第5章

商談を左右する
初対面の7秒間の
「1秒ごと」の振る舞い方

①背筋を伸ばしていれば、人は自然と信頼を寄せる

初対面の1秒目

――最初の7秒間で何をすればよいのか

お客様に初めてお会いするまでに、信頼を獲得しながら営業していく方法を、「ホップ」「ステップ」として紹介してきました。

改めて、各段階を次に示しておきます。

① ホップ：お客様から初めて問い合わせがあった時
② ステップ：問い合わせからお客様と会うまでの期間
③ ジャンプ：お客様と初対面で名刺を渡すまでの7秒間

この章は、最後の「ジャンプ」について解説いたします。

この「ジャンプ」は、お客様と初めて対面する瞬間です。つまり、出会ってから名刺を渡すまでの7秒間です。この7秒間で、これまでに積み重ねてきた、お客様からの信頼を確固たるものにしていきます。

ここで重要なのは、第1章でご紹介した「人は見た目が9割」（19ページ）を最高の状態にしておくことです。

この7秒間をおろそかにすると、お客様から「思っていたイメージの人とちょっと違うかも」と思われてしまい、これまでに積み上げてきた小さな信頼が、すべて崩れてしまいます。

服装や姿勢、表情、さらには声のトーンまで、すべてがこの7秒間では影響を与えます。ただし、難しいことは1つもありません。少し意識するだけで、できることばかりです。

ここでのジャンプが成功すれば、お客様は、「この担当者は安心できるし、親身になってくれる、思っていた通りの人だな」と感じ、あなたは最初から信頼された状態で商談をスタートさせることができます。

そのためには、お客様が、あなたのどのような部分を見ていて、それに対してどのような方法で対策をしていけばよいのかを、1秒ごとに紹介していきます。

少しずつでも取り入れていただき、お客様からの信頼を確固たるものにしてください。

――まず見られるのは「外見と姿勢」

私は昔から猫背なのですが、若手営業パーソン時代、ロールプレイング（営業場面を想定した受け答えの練習）で受けるフィードバックで、「すごく自信がないように見える」とよく指摘されていました。

話す内容そのものは問題なく、会話もスムーズに進んでいましたが、猫背で話をしていたのです。それだけで相手の目には自信がないように映ってしまうのです。

「初対面の1秒目では、あなたの全体的な外見像と立つ姿勢」が、まず見られます。

だからこそ、自信のある態度で、背筋を伸ばして胸を張ってください。

これだけで、お客様は自然とあなたに信頼感を抱いてくれます。

「いやいや、自信なんて全然ないし」と思っている方もいるかもしれませんが、安心してください。大事なのは、実際に自信があるかどうかではなく、それをお客様に「どう見せるか」です。

実際のところは緊張して内心はドキドキでも、先ほどのように姿勢を整えるだけで、あなたはお客様から「堂々として見える」のです。

人は、本能的に「強さ」に惹かれるという性質を持っています。

それは、人間がこれまでの進化の過程で、リーダーシップを発揮する強い人物に惹かれるようになってきたからです。動物の群れのボスは、その代表的なものですよね。

堂々とした姿勢は、相手に対して「強さ」を感じさせ、「この人は頼りになる」と思わせる力があるだけではなく、同時に安心感も与えてくれます。逆に、猫背やうつむきがちな姿勢だと、人として弱く見えてしまい、お客様に不安を感じさせてしまうのです。

「この人、大丈夫かな」と一度思われてしまうと、商談そのものの信頼感がなくなり、話をスムーズに進めることが難しくなってしまいます。

また、姿勢を正し、堂々としていると、脳が「自分は強い」と錯覚して、自分自身もより自信を持てるようになります。つまり、**背筋をピンと伸ばし、自信を持って胸を張ることで、お客様にも自分にも、プラスの効果をもたらしてくれるのです。**

商談の場で緊張するのは、誰もが経験する当然のことだと思います。

とくに初対面だと、どうしても不安がつきまといますし、経験の浅い営業パーソンであればなおさらでしょう。しかし、だからこそ、その不安を悟られないために、あえて「堂々とした姿勢」を意識してください。

お客様に見えているのは、あなたの自信そのものではなく、あなたが自信を持っているように見えるかどうかだけなのです。

日々、意識して正しい姿勢でいることで、自然と自信がつき、その自信がお客様にも伝わります。

堂々とした姿勢が、あなたの最大の武器になるのです。

② 両方の手を前で組むことで、礼儀正しい印象を与えられる

——親しみを感じる立ち姿とは

私は、社会人になってすぐに、当時勤めていた会社の研修で、2泊3日の自衛隊研修に参加しました。短い期間でしたが、規律性を高めるために厳しい訓練を受け、心身を鍛えることができました。

その中で、印象的だったのが「立つ基本の姿勢」です。

自衛隊の基本姿勢は「手を腰の後ろあたりで組む」直立不動の姿勢です。自衛隊のように規律を重んじる環境では、この姿勢が非常に効果的で、隊員同士の一体感や集中力を高める役割を果たしていました。

当時、「姿勢だけで、こんなにも全体の印象に影響があるのだな」と感じたことを、今でも鮮明に覚えています。

ところが、この姿勢は、営業場面には向いていません。もしも営業現場で、手を後ろに組んで立っていたら、どう思われるでしょうか？

お客様は「何だか偉そうだな」「威圧的だな」と感じてしまい、結果として信頼どころか悪い印象を与えてしまうのです。

例えば、あなたがデパートやショッピングモールに買い物に行った時のことを思い浮かべてみてください。

高級感のあるお店に入って、対応に出てきた担当者が、ずっと手を後ろに組んだまま対応していたら、何だか距離を感じてしまいますよね。

そんな人にずっと近くをウロウロされようものなら、親しみやすさよりも、威圧感を覚えてしまい、「早くどこかに行ってくれないかな」と思って、リラックスして買い物などできなくなるでしょう。

——手を前で組む姿勢でお客様をお迎えする

営業では、お客様を迎える際の立ち振る舞いが、信頼されるかどうかのポイントです。

前項で紹介したように、初対面の1秒目では、あなたの全体的な外見と立つ姿勢が見られているため、この瞬間にどんな姿勢でいるかは、商談の行方を大きく左右するのです。

では、営業でお客様を迎え入れる際には、どのような姿勢が最適なのでしょうか？　それは、**「右手を左手で押さえて、前で組む姿勢」**です。

この姿勢は、多くの人が右利きであることが関係しています。実に世界の人口の約9割は右利きといわれています。そのため、多くの方の利き腕である右手を、左手で押さえることで、相手に対して敵対心がないことを表し、相手に安心感を与えるのです。

手を前で組むというよりは、「手を重ねる」というイメージを持ちましょう。

このさりげない動作で、お客様に「この人は礼儀正しいし、信頼できるな」という印象を与えることができるのです。

さらに、手を後ろではなく前で組むことで、お客様はあなたに対して、自然と好意的な気持ちを持ちやすくなります。営業においては、この姿勢が非常に重要であり、それが信頼関係の土台を形成してくれるのです。

もちろん、日頃からこの姿勢をする必要はありません。

ただし、初対面の時に、お客様を迎える際は、ぜひこの姿勢を試してみてください。

こうした小さな工夫が、初対面での信頼形成を強力にサポートしてくれ、あなたの商談を成功に導くのです。

③ 初対面の2秒目 商談前には口臭をケアし、石鹸の香りを漂わせたい

――自分では気づきにくい「匂い」は印象に大きく影響する

あなたが買い物に行って、初めて担当の方と会うことを思い浮かべてみてください。

その担当者があなたに近づいてきました。この時、その方が、あなたが不快に感じる匂いを醸し出していたらどんな印象を受けるでしょうか？

あなたはそんな人から商品を買いたいと思うでしょうか？

おそらく多くの人は、「できればそんな人からは商品を買いたくない」と思われたのではないでしょうか。そう思うのは、ごく自然なことです。

それは、あなたがその担当者に対して無意識に「受け入れたくない」と感じたからなのです。

「初対面の2秒目は、あなたの匂いの情報が、お客様へ伝達される」のです。

第1章でお伝えしたように、匂いは本能的に好感や不快感の印象を強烈な記憶として残します。実は、**相手の印象を悪くする要因として第1位に挙げられるのが、「不快な匂い」なのです**（2017年「ニオイと印象」に関する調査。資生堂）。

その理由としては、匂いが気になると「だらしなく思う」「自然と物理的に距離をとりたくなる」「どんなに見た目が素敵でも嫌なニオイがすると一気にイメージが下がってしまう」「匂いでその人の暮らしぶりがわかる」等、見た目以上に、不快な匂いは相手の印象に大きな影響を及ぼしてしまうのです。

また**厄介なのは、この匂いというのは自分自身で気づくことは難しく、人から指摘されて初めて気づくことが多いもの**であることです。しかし、人の匂いは、相手に対して指摘しづらいので、本人はなかなか気がつかないのです。

さらに、先の調査では、匂いの中でも、とくに不快な印象につながりやすいのが「口の匂い」で約42%、そして「汗の匂い」が約38%と、この2項目だけで実に約80%を占めています。

お客様と対面する営業場面においては、この悪影響につながる匂いを、いかに緩和することが重要であるか、おわかりいただけると思います。

――口臭と汗の匂いを抑えるだけでOK

では、具体的にどうやって回避すればいいのでしょうか?

難しいことはありません。商談前には必ず歯を磨き、その後、キシリトール入りのガムを1つ噛みましょう。それだけでも一時的に口臭は抑えることが可能ですし、お客様と会う直前にマウスウォッシュで口をすすぐことも有効です。

また汗の匂いについても同様です。

脇に汗をよくかくのであれば、制汗デオドラントスプレーを使えば、しばらくの間は匂いを抑えることができます。とくに夏場や暖房の効いた室内では、このようなちょっとしたケアをするかしないかで、大きな差になります。

商談前に、お風呂に入る必要も、高価な香水をふりまく必要もありません。

最も簡単かつ安く抑える方法は、接客する前に市販のフェイスシートで顔と首回り、耳の付け根を拭くことです。それだけでも、さっぱりとした石鹸の良い香りを漂わせることができます。

改めてですが、**難しいことなど一切ありません。意識してこの後ドラッグストアやコンビニで買って帰れば、次に会うお客様から始められます。**

これらの対策は、小さなことと思われるかもしれませんが、その小さなことをなおざりにするとお客様に悪印象を与え、信頼を構築することが困難になってしまうのです。

ぜひ、商談前の準備に取り入れてみてください。これだけでもお客様からの、あなたへの印象が驚くほどに良くなります。

④ 初対面の3秒目
アゴを少し引いて上の歯を見せ、目にも気づかった笑顔を

――笑顔だけでなく目の動きも見られている

「あんたは笑顔がいいねぇ」

と言って、初回面談で購入してくれたお客様の話を第1章で紹介しました（21ページ）。

この言葉をいただいた時、私だけでなくお客様も同様に満面の笑顔になっていました。

ですが、このお客様は初めから笑顔だったわけではなく、私がずっと笑顔だったことにつられて、徐々に笑顔になっていきました。

つまり、表情や感情というものは、時間が経つにつれて相手に伝染していく力を持っているのです。

第一印象の中で、強いインパクトを与える1つの要素が「顔の表情」であり、表情がお

客様に与える影響はとても大きいです。

「初対面の3秒目では、あなたの表情と目の動き」が、お客様から見られます。

では、具体的にはどのようなことを意識すればいいのでしょうか?

——笑顔にもいくつかのポイントがある

これには、大きく3つのポイントがあります。

まず1つ目のポイントは、先ほど紹介した、**「表情は相手に伝染する」**性質を持っているということです。

例えば、あなたが笑顔で相手に接すると、相手も思わず微笑んでしまうことがありますよね。これは笑顔が相手に伝染し、ポジティブな感情を共有させるからです。

商談の場面では、こうした笑顔が伝染する効果を利用することで、お客様に好印象を与えることができます。

2つ目のポイントは、**表情を作る際に「アゴの角度」を意識する**ことです。

商談や接客の場で、時々見かけるのが、アゴを上げて相手を見るような姿勢です。この姿勢は、一見すると堂々としているように見えると勘違いされる方もいるかもしれませんが、実際は、お客様に「見下されている」と感じさせてしまうことがあります。

また、お客様が自分よりも低い位置に座っていたり、背の低い方だった場合は、お客様を見下ろすような姿勢になりやすく、無意識のうちに威圧感を与えてしまうため注意が必要です。

そう思われないためにも、意識的に「アゴを少し引く」ことが大切なのです。

最後の3つ目のポイントは、**「笑顔の作り方」**です。

私の知り合いで、頭がとてもよく、礼儀も正しい、そして気も利くという不動産営業の方がいます。一見とても素晴らしい営業パーソンなのですが、実際の営業数字は「中の下」といったところです。

その方は、能力やスキルはとても高いのですが、唯一の欠点があります。それは、「口は笑っていても、目が笑っていない」ということです。

笑顔は、ただ口角を上げればよいというわけではなく、全体のバランスが大切です。

とくに、目と口の動きが連動しない方は、笑顔がとても不自然に見え、逆に「何かたくらんでいるのではないか？」と不信感を持たれてしまいます。

口元は、**「上の歯をすべて見せる」**というポイントを意識してみてください。上の歯をすべて見せる笑顔は、明るさと自信を感じさせることができます。

目元にも注意が必要です。

「目は心の窓」「目は口ほどに物を言う」と言われるように、感情を伝えるうえで、目元はとても重要な役割を担っています。

ここで意識したいのが、**「目は三日月を横にした形」を意識する**ことです。

目尻が少し下がり、目が三日月のような形になる笑顔で、相手に優しさや温かさを感じてもらうことができます。この笑顔を作ることで、相手はあなたに対して親しみを覚え、信頼感を抱きやすくなるのです。

表情で大切なポイントは、「表情の伝染、アゴの角度、笑顔の作り方」の3つです。

これらを意識して、次回の商談に臨んでみてください。このちょっとした意識が大きな成果を生み出し、あなたの印象を劇的に向上させてくれます。

初対面の4秒目

⑤ 清潔感のある服装は内面も優れた人だと思われる

――シンプルで清潔感のある服装が最大の武器

「お洒落したり高級ブランドを身に着けることが、営業の成功につながる」と思われている方はいませんか？

確かにお洒落なスーツを着て、ブランド物の装飾品を身に着けることは、自分自身のモチベーションを上げることにはつながります。

私の知り合いにも、あえて高いものをカード払いで買うことで自分を追い込み、その支払いをすることをモチベーションにして営業を頑張る、という営業パーソンがいます。

しかし、営業を成功させるためには、お洒落さや高級感は必ずしも必要ではありません。

「初対面の4秒目では、営業パーソンの服装」が、お客様から見られています。

人は、相手の服装から、無意識のうちにその人の性格や生活スタイル、さらには価値観まで勝手に判断をしてしまいます。

例えば、シワひとつない清潔な服を着ている人を見ると、「この人、ちゃんとしているな」とか、「自分のことをしっかり管理しているな」と感じます。逆に、服がヨレヨレだったり、シミがついていたりすると、「この人、ちょっとだらしないかも」と思いますよね。

ここで**大事なことは、外見が良ければ、それだけで内面も良く見える**ということです。

第1章で、担当者が良ければ、その会社や商品も良く見えるというハロー効果について紹介しましたが（17ページ）、それと同様に、多くの方が見た目の印象でその人の中身まで判断しています。

では、どんなことに気をつけた服装をすれば、お客様から信頼を得られるようになるのでしょうか？

もちろん、ファッションを楽しむのは自由ですし、素敵なことではありますが、商談では、それより大事なことがあります。

商談で何よりも大切なのは、「清潔感」です。

汚れやシワのないシャツやスーツ、しっかり磨かれた靴などが揃っているだけで、お客様に「きちんとしている人」という印象を与えられ、前向きに話を聞いてもらうことができ、お客様から信頼されることにもつながります。

――清潔感さえあれば服装は変えていい

また、状況に応じて服装を変えるのも、清潔感を保つ1つの方法です。

私は以前、夏場でもスーツを着て商談をしていましたが、汗だくになってお客様から「谷崎さん、大丈夫ですか？」と心配されてしまうことがありました。

私は人よりも汗をかきやすく、その姿が清潔感を欠いているように映っていたのです。

それ以降、夏場はポロシャツにチノパンで商談をすることにしました。汗の量もスーツを着ていた時よりも減らすことができ、お客様からも「涼しそうでいいですね」という言葉をかけていただきました。

このように**服装は、「何を着ているか」よりも、「清潔感があるかどうか」のほうが重要**なのです。

ただし、服装を変えようとする場合は、次の3つのポイントに注意が必要です。

まず1点目は、サラリーマンの方であれば、服装を変える許可を会社からもらっておくことです。お客様にとって清潔感が重要であっても、会社という組織で働く以上は勝手にルールを変更することはできません。

会社の許可を取らずに行動を起こすことは、あなたの評価を下げてしまう可能性もあるので、必ず確認をしてください。

2点目は、過度に派手な色のものを着ないことです。

先ほども紹介したようにお洒落さや高級感は不要です。ポロシャツは白にするなど、あくまでも清潔感を重視した色合いを意識することをお勧めします。

そして3点目は、お客様の年齢層に合わせた服装にすることです。

若い方であれば、先ほど紹介したポロシャツとチノパンが好印象につながるのですが、とくに高齢の方と商談する場合は注意が必要です。高齢のお客様の中には、商談はスーツにネクタイが当たり前だ、と考えている方も多くいらっしゃいます。

なお、**どんな年齢層の方でも嫌われることのない鉄板の組み合わせがあります。それは、「白いワイシャツに青の無地ネクタイ」です。**

この組み合わせであれば、どの年齢層の方からも嫌われるリスクはありません。服装に悩んだ時は、ぜひこの組み合わせで対応してください。

⑥ 初対面の5秒目
鏡の前で髪型をチェック、脂のテカリは直前にふき取る

――お客様の目にどう見えているか、が大事

あなたは「無造作ヘア」というスタイルを、聞いたことありますか?

今でもたまに見かけることがありますが、かっちりとセットされたものではなく、手ぐしでサッと整えたような髪型のことで、脱力感がお洒落に見えるのが特徴的な髪型だと思います。

しかし、これほど営業に不向きなヘアスタイルはありません。

営業場面において、髪型は相手の印象を大きく左右するとても大切な要素になります。

「初対面の5秒目では、あなたの外見の細部」が見られています。

実は、初対面の印象を悪くする要因の第3位として挙げられるのが、「ボサボサな髪」

です（2017年「ニオイと印象」に関する調査。資生堂）。

大事なのは、あえての無造作だからボサボサではない、と言い訳するのではなく、**お客様の目に「どう見えているか」**というところです。

髪がボサボサだと、それだけでお客様に「だらしない」「自己管理ができていない」といったネガティブな印象を与えてしまい、無意識のうちに「この人は細かいところに気を配れないのかな？」と感じさせてしまいます。一度お客様から、そんなふうに思われてしまうと、どれだけ話が上手でも、その話に集中できず、あなたの言葉を信用しにくくなってしまうのです。

では、髪型で失敗しないためにはどうすればよいのでしょうか？　答えはシンプルです。

それは、**「商談前に、必ず鏡の前で髪型をチェックする」**ことです。

朝はしっかり整っていても、時間が経つと髪型は乱れがちです。そのままの状態で商談に入ってしまうと、不快な印象を与えてしまいますので、必ず商談前に改めて確認することで、お客様の印象を悪くすることを避けられます。

商談の前には、少し時間をとって鏡で髪型をチェックして、必要があれば適度な量の整髪剤やワックスを使ってきれいに整えましょう。この小さな手間が、「この人は身の回りのことがきちんとできている人」という印象を与え、それが信頼感につながるのです。

――見落としがちな脂のテカリ

また、髪型と同じくらい重要なのが**「顔の脂のテカリ」**です。

とくに男性の場合、長時間働いた後や外出した後は、顔がテカってしまうことがあります。これも相手に不快感を与える原因となりやすい部分です。

顔のテカリを放置すると、どうしても清潔感が損なわれてしまうので、「疲れているのかな」「だらしないな」というマイナスの印象を与えてしまいます。

とくに初対面時は、お客様の目線があなたの顔にいく場面も多いため、顔のテカリには気をつけましょう。ティッシュやフェイスペーパーで軽く押さえるだけでも、テカリを防ぐことができますし、脂が浮きやすい人は、脂取り紙を使うとより効果的です。

清潔感を感じさせるために、商談前には必ず鏡で顔のテカリをチェックし、好印象を与えられるようにしましょう。

少しの手間で清潔感を整えるだけで、お客様に信頼感を与えることができます。次の商談から、ぜひこの習慣を取り入れてみてください。

⑦ 初対面の6秒目 自分の声は思っているのと違う。どう聞こえているかを意識する

――マイナス印象を持たれない声のトーンを意識する

「自分ってこんな声だったのか。思っていたのとだいぶ違うな」

これは、私が新人営業時代にお客様とのやり取り練習（ロールプレイング）を録画してもらい、見直した際に感じたことです。

この時、自分の中では、落ち着いた空気感を出すために、少しゆっくり話をしていたつもりだったのですが、改めて録画を見返すと話すスピードも速く、そして思っている以上に声が低く、自分で聞いていても聞き取りづらいと感じました。

実は、この時の私と同様に「自分の声」を把握できていない営業パーソンが大半です。

「初対面の6秒目では、挨拶をする際の声のトーン」が見られています。

低くて重い声は、相手に対して「この人は元気がないのかな」「自信がなさそうだな」という印象を与えてしまうことがあります。

また、低くて重い声を聞いていると、聞いているこちらも気分が落ち込んでしまいます。

逆に、明るくて少し高めの声だと、自然とこちらも笑顔になったり、前向きな気持ちになったりしますよね。

これは、声のトーンがその場の雰囲気や相手の感情に、大きく影響を与えるからです。

商談の場面では、第一印象でマイナスの印象を持たれないために、この「声のトーン」はとても重要になります。

先ほど私の例を紹介しましたが、自分が聞こえている声と、相手が聞いている声は違います。

これは、声が自分の体内を通る音と、空気を伝わって相手に届く音が異なるためなのですが、私たちは、骨を通じて自分の声を聞いているため、他人が聞いている声よりも少し低く感じることが多いのです。

そのため、お客様から、「この人の声はハツラツとしていて、聞き取りやすいな」と思ってもらうためには、お客様に自分の声がどう聞こえているかも把握する必要があります。

――意識的に高いトーンでご挨拶

では、具体的にどんなことを意識すればいいのでしょうか？

まず第一に、声を出す前は、リラックスしておくことが大切です。

緊張していると、どうしても早口になり、声は低くなりがちです。深呼吸をして肩の力を抜くことで、自然と声のトーンは上がりやすくなります。

お客様と話を始める前に、少しだけ「明るい声を出そう」と意識し、プライベートで友人と楽しく会話している時のような気持ちを意識してから話を始めると効果的です。

普段の自分の声のトーンが相手にどう聞こえているのかを確認するには、録音して聞いてみるのが一番です。私も、自分の思っていた声と、実際に相手に聞こえている声が「こんなにも違うのか」と驚きました。録音した声と相手に聞こえている声は同じです。

スマートフォンなどの録音機能を使って、自分の声を録音し、ぜひ一度聞き返してみてください。自分では「これくらいでちょうどいいかな」と思っている声が、実際にはどう聞こえているのかを確認することで、普段の声のトーンを見直すきっかけになります。

もし、録音した自分の声が、「低くて重い」と感じたら、商談では意識して1トーン高い声を出すのがお勧めです。

また、**周りの人に「自分の声って聞きとりづらい?」と聞いてみるのもよい方法です。**

他人からのフィードバックを受けることで、自分では気づかない部分を改善するヒントを得ることができるのです。

声のトーンひとつで、あなたの印象は大きく変わります。ぜひ商談では、お客様が聞き取りやすい声かどうかを意識して、お客様にポジティブな印象を届けてください。

⑧ 初対面の7秒目 相手の名前を呼んで挨拶し、お辞儀は45度の角度で一度だけ

——親近感と信頼感を与える言葉づかい

初対面の方や上司に、いきなりタメ口を使う人っていますよね。

日常生活や職場でも時々見かけますし、テレビをつければ、芸能界でもそのような方を見かけたことが、一度はあると思います。

友人や気心の知れた者同士で、お互いに暗黙の了承があるのであれば問題ありませんし、「年上には絶対に、相手を敬って敬語を使いなさい」とまでは思いません。

しかし、営業パーソンとして、お客様とお会いする方は、ぜひ「言葉づかい」には注意してください。なぜなら、初対面の相手の印象を悪くする要因の第2位として挙げられるのが、この言葉づかいなのです（2017年「ニオイと印象」に関する調査。資生堂）。


「初対面の7秒目では、あなたの所作」が見られています。

所作は、お客様に対するあなたの礼儀や、敬意を伝えるための重要なポイントになり、これまでお伝えしてきた、印象を良くして信頼を得るためのすべてのアクションが、この所作で完結します。

人は、言葉づかいや言葉の選び方から、相手の心の内や態度を感じ取ります。とくに営業の場面では、言葉づかいが、その人の礼儀やどれだけ真剣に向き合っているかを測る指標となります。

例えば、丁寧な言葉づかいができていないと、「何となく生意気」「自分に敬意を払っていない」と感じられてしまい、逆に、しっかりとした言葉づかいで挨拶することで、相手に「この人は礼儀をわきまえていて、信頼できそうだ」と思ってもらえます。

ここで重要なポイントは、初めて出会った際に、

「○○様、はじめまして。担当させていただく△△と申します」

と相手の名前を丁寧に呼びながら、挨拶をすることです。

これは心理学では、**「ネームコーリング効果」**といい、自分の名前を呼ばれると、それ

だけで好感を持ったり、親近感を感じやすくなります。

相手の名前を呼び、挨拶をするだけで、無意識のうちに自分が特別な存在だと感じ、相手との距離をぐっと縮めるという効果を生んでくれるのです。

――お辞儀は一度だけ丁寧に

また、挨拶の際には言葉づかいだけでなく、お辞儀の仕方にも気を配ることが大切です。お辞儀は、場面によって、どの程度の角度をつければよいかは変わってきますが、営業で初対面のお客様に対しては、「45度」です。

深すぎず、浅すぎない45度のお辞儀は、相手に対して丁寧さと、礼儀正しさを最も伝えることができます。

さらに、お辞儀は「一度だけ」しっかり丁寧に行います。

知り合いの営業パーソンに、何度もペコペコお辞儀する方がいるのですが、何度も頭を下げられると、逆に不快な気持ちになってしまいます。

何度も頭を下げる動作は、相手に「媚びを売っている」ような連想をさせてしまいますので、「一度だけ」行うようにしてください。

時々、挨拶とお辞儀のタイミングがわからないという方がいます。

例えば、挨拶をしながらお辞儀をしてしまうと、相手の顔を見ずに下を向いた状態での挨拶になってしまうため、良い印象を与えられません。

相手に対して最も気持ちを伝えられるのは、「語先後礼」です。これは、「言葉を先に、礼を後に」という意味で、

「○○様、はじめまして。担当させていただく△△と申します」

と挨拶の言葉をまず発してから、その後にお辞儀をするという動作のことです。

挨拶や所作にまで、お客様への意識が向くことによって、お会いする前から高めてきたお客様からの信頼は確固たるものになります。初対面の7秒間で、ここまでの対応が行えれば、商談の成功につながることを実感できるはずです。

第6章

７秒後のお客様の反応を見て、そのお客様への営業を判断しよう

①お客様と目が合って、笑顔になれば勝ったも同然

——最初の7秒で信頼関係を構築できたかどうか

初回の電話問い合わせへの対応、出会う前からのツール営業、そして初対面の7秒間で最高の対応をすることで、あなたはお客様からの信頼を着実に築いてきました。

この段階までくると、あなたに対するお客様の信頼は、ほぼ形成されています。

ここで1つ、私がよく営業パーソンから相談される内容を紹介します。それは、

「お客さんに『買いませんか？』って最後に言うのがどうしても苦手なんです。営業の仕事に向いてないですかね…」

という相談です。このように言う方は少なくありません。

理由としては、自分に自信がない、商品に自信がない、拒否されるのが怖いなど様々ですが、お客様に「買いませんか?」というクロージングの一言が言えない営業パーソンは、実は多いのです。

そして、彼らに共通していることは、小手先の営業テクニックやセールストークばかりに頼りがちで、人が物を買う時の思考の流れを理解していないということです。

では、人が物を買う時の思考の流れとは何なのでしょうか? それは、シンプルで決して難しいものではありません。

人が物を買う時の流れは、次の3つのステップです。

① 土台となる信頼関係の構築
② 悩みの顕在化
③ 悩みの解決

この流れをしっかり押さえれば、無理なクロージングをしなくても、お客様は自然と商品を求めるようになります。

つまり、**初対面の段階で、お客様との信頼関係を構築することができたあなたは、後は**

お客様の悩みを引き出し、それを解決していけば商品は売れるのです。

――安心感と信頼感が生まれたかどうかの判断は

初対面の7秒後に、お客様の信頼を得られたかどうかを判断するための簡単な方法があります。それは、

「お客様と目が合い、笑顔になるかどうか」

です。

信頼をされていないお客様とは、必ずといっていいほど目線が合いません。

目が合い、笑顔を返してくれる行動は、お客様の緊張がある程度ほぐれて、あなたへの安心感が生まれた証拠です。

この状態まで持っていければ、商談の土台は整ったも同然ですし、後はお客様の悩みを解決に導いていくだけで、商談はうまくいくのです。

お客様と目が合い、あなたの笑顔に対して、お客様も笑顔を返してくれた瞬間、それは信頼関係の扉が開いた合図となります。

信頼を得たあなたは、もう商談に「勝ったも同然」です。

また、商談をスタートするにあたり、よけいな雑談なども必要ありません。信頼を得られた状態では、雑談に時間など割かなくても、すでにお客様とコミュニケーションがとれて懐に入っている状態ですので、すぐに本題に入りましょう。

――事前に送っておいたツールがあると話に入りやすい

本題には、次のような質問をするとスムーズに入ることができます。

「お送りしていた資料はご覧いただけましたか？」

この質問をすることで、お客様がどれだけ本気でこの商談に来ているのか、また、準備をしてきているのかを確認することができます。もし「見ましたよ」と答えが返ってくれば、いきなり商談に突入できる状態です。

「資料をご覧いただけたんですね。ありがとうございます。その中で、気になった点やご不明だった点はありましたか」

と自然に話を進めることができますし、お客様も、すでに資料を確認しているため、具体的な質問がしやすくなり、話の展開はとてもスムーズになります。

仮に、「実は忙しくて、見ていないんですよ」と言われた場合でも、慌てる必要はありません。

「お忙しかったのですね。では、簡単にポイントをお話しさせていただきますね」と、送っておいたツールの要点を伝えるところから、商談を始めれば大丈夫です。

すると、「親切な対応だな」「せっかく送ってくれていたのに、申し訳なかったな」と感じてくれます。

大切なのは、お客様を責めるような態度は一切見せないことです。

「えっ？　ご覧になっていないのですか？」のような言い方をしてしまうと、お客様には嫌味に聞こえて、一気に信頼感を下げてしまいます。

仮に、内心が穏やかでないとしても、笑顔をキープしつつ、柔らかくフォローすることが大切です。

② 営業をしないかどうかを見極める6つの行動

――購入していただけるお客様はここで判断する

「いつまで、見込みのないお客さんを追いかけてるの？」

これは、私が営業を始めたばかりの頃に、先輩の営業パーソンから言われた言葉です。

当時の私は、目の前のお客様1件1件を丁寧に対応していたつもりだったのですが、お客様の言動や状況を改めて振り返ってみると、「明らかに、買えない・買わないお客様」に対応して非効率な営業をしていました。

要は、当時の私は買えない・買わないお客様、つまり「追わなくてもよいお客様」ばかり一生懸命に営業をしていたのです。

時間は、限りがあるものです。

1日24時間という時間の中で、効率的に成果を上げるためには、どのお客様を追いかけるべきか、追いかけるべきではないかを、しっかり見極めることが大切です。**すべてのお客様に等しく時間を使うのではなく、優先順位の高いお客様に対して、時間を集中させることが、営業の成功の近道になるのです。**

出会う前からお客様に営業し、初対面の7秒間で最高の対応をしたにもかかわらず、それでも信頼をえられない方も、中にはいらっしゃいます。

しかし、そのような方は、今はまだあなたのお客様ではありませんので、無理に追いかける必要はありません。

では、アプローチをかけていくお客様をどうやって判断すればよいのでしょうか？

——見込み客を見分ける6つの行動

ここでは「見限るべきかどうかを見極める6つの行動」を紹介します。それは、**「無視」「腕組み」「無表情」「目線が合わない」「ふんぞり返る」「携帯をいじる」**の6つです。

お客様のこれらの行動は、あなたが信頼を得ていないことを意味していると考えてください。

1つ目は「無視」です。

いくら信頼を得られる対応を行っても、お客様が無視をしてまったくリアクションがない場合は赤信号です。

もちろん、お客様が何かで忙しい時だったり、たまたまタイミングが悪かった可能性もありますが、お問い合わせをいただいて対応したのに、2回、3回と声をかけても無反応なのであれば、それはあなたやあなたの商品に興味がない、もしくは関心が低い証拠です。

いったん、距離を置いて様子を見るほうが賢明です。

2つ目は「腕組み」です。

腕組みには心理的な意味があり、人は、防御や拒絶のサインとして腕を組むことが多いです。これは「これ以上は受け入れたくない」「これ以上は話を聞きたくない」という無意識の表れですので、初対面の際に、お客様が腕を組んでいる時は、心の中で壁を作っている可能性が高いのです。

腕組みが続くようなら、あなたの行動が、お客様にはあまり響いていない可能性が高くなります。

3つ目は「無表情」です。

お客様が無表情であることは「まったく興味がない」「心を動かされていない」ことの表れです。お客様が笑顔や表情を見せない場合、それは心の中で「どうでもいい」と思っている可能性が高いのです。無表情の場面が続くなら、早めに次のお客様に気持ちを切り替えましょう。

4つ目は「目線が合わない」です。

お客様が、あなたの目を避けている時、これは何かを隠しているか、もしくは、単純にあなたとの商談に興味がない証拠です。

目配りをしても、目をそらされてしまう場合は、お客様が早く話を終わらせたいと感じている可能性があります。目を合わせないということは、「これ以上聞く気はない」というメッセージなのです。

5つ目は「ふんぞり返る」です。

お客様が、椅子にふんぞり返っているのは、一見リラックスしているように見えるかもしれませんが、実は、非常にネガティブなサインであることが多いです。

ふんぞり返る姿勢は「自分があなたよりも上の立場だ」という無意識の表現であり、あなたの存在を軽く見ていることが多いのです。

この態度は、話に対して真剣さが欠けているか、そもそもあなたや商品に対して興味がないことを示しているため、話を聞くつもりがないと考えたほうがよいでしょう。

6つ目は「携帯をいじる」です。

中でも、最も露骨なサインは「携帯をいじる」ことです。

初対面時に、お客様が携帯をいじっていたら、それは「あなたの存在にも話にも、価値を感じていない」ということです。そこから無理に話を進めても、良い結果は期待できません。

――あなたもお客様を7秒で判断していい

初めてお会いした際に、これらの**6つのサインのうち、3つが当てはまったら、そのお客様を無理に追う必要はありません。**

そのお客様は、今の段階ではあなたの話にも、商品に対しても、あまり興味がないと考えられます。

「情熱」と「根気」は、営業パーソンに必要な要素とよくいわれますが、すべてのお客様にそれを注ぐわけにはいきません。効率的に動くためには、追うべきお客様を見極め、次に進むことも必要です。

「断られてからが営業」という言葉もありますが、**時には見切りをつける勇気が成功への近道**となるのです。

営業パーソンが初対面の7秒でお客様から判断されるように、あなたもお客様を7秒で判断してください。見込みがないと感じたら、次のチャンスにエネルギーを注ぎましょう。それが、限られた時間を最大限に活用するためのコツです。

③ あなたを信頼してくれる人のみに時間を使う

——信頼してくれる人に注力すれば売れる

「現地に着いたんですけど、まだ来られてないですか？　約束は今日でしたよね？」

これは当時、私の部下だった営業が、お客様から電話で言われた一言です。

多くのお客様を抱え、スケジュール管理ができていなかったことが原因で起きた出来事でした。

幸い、約束の場所がたまたま会社から近い現場だったため、すぐに現地に向かい、お客様から大きなお叱りを受けることはなかったのですが、それでも「約束を守る」という当たり前のことができず、結果として信頼を失ってしまいました。

ここで、意識してもらいたいのは、

「一度にきちんと管理できる数は、限られている」

ということです。

営業パーソンが、常時しっかりと対応できるお客様の数は、15名が限度です。

これ以上増えてくると、管理も大変になり、先ほど紹介したような「約束を忘れてしまう」といったことも起こりやすくなります。

個人差はもちろんありますが、人の脳には限界があります。

会社の組織を作る際の考え方に、**「ダンバー数」**という概念があります。これは「人が安定した関係を維持できる人の数は限られている」というもので、150人程度とされています。

それぞれ、どんな関係を築くかで5名、15名、50名、150名、500名と段階的に人数の限界があります。具体的には次のような階層に分けられます。5名…真っ先に頼れる関係、15名…プライベートな相談ができる関係、50名…助け合えるが深い話はしない関係、150名…顔と名前を覚えている程度の関係、500名…名前などは知っているが交流はほぼない関係です。そのため営業場面においては、「信頼をされる」関係性を維持できるお客様の数は、15名程度が限界です。

それ以上の人数になると、1人ひとりにかける時間や労力が分散してしまい、対応がおろそかになるため、結果的にすべてのお客様との関係が中途半端になってしまうというリスクが高まってしまいます。

――優先順位をつけることで売上は上がる

対応してきたすべてのお客様に、全力で対応することができればよいですが、現実的には難しいものです。

だからこそ、お客様を追わない判断が必要になるのです。

大事なのは、「本当に信頼してくれる15名のお客様だけに集中する」ということです。**限られた時間で成果を最大化するためには、信頼してくれているお客様に焦点を絞ることが最も効果的です。**二兎を追う者は、一兎をも得られないのです。


多くの業務をこなさなければならない営業の場面では、「追わなくてもいいお客様は、追わない勇気」をぜひ持ってください。

どれだけ時間をかけても、信頼を築けないお客様は必ずいます。お客様を想う優しさを捨てる必要はありませんが、ビジネスの世界では優先順位をつけることが結果的に自分を守り、お客様を大切にすることにもつながることを忘れないでください。

④少ないお客様に集中すると、リピートや紹介につながる

――集中することでお客様がとても満足する

前項で、常時対応するお客様の人数を15名に絞ったほうが、対応もより丁寧なものになり、成果にもつながるとお伝えしました。

これは営業成果だけではなく、他の部分にも良い効果を発揮してくれます。それは、「お客様の満足度」が、より高まるということです。

営業パーソンにとってこの「お客様の満足度」は、成果を上げ続けるために重要なポイントです。

人には、人から物をもらったり、何かをしてもらうと、自分も何かを返さなければいけないと感じてしまう心理があります。

このように感じるのは、心理学では**「返報性の原理」**や**「ギフトの法則」**と呼ばれています。

営業の場面においては、「担当の営業パーソンが、自分のために多くの時間と関心を注いでくれている」という感覚が、無形のギフトとしてお客様に伝わります。

お客様はその気持ちに応えたいと思い、あなたへの信頼関係が生まれ、結果的にお客様満足度が高まり、リピートや他のお客様を紹介してくれるという形で「お返し」が戻ってくるのです。

――紹介のお客様には最初から信頼関係がある

あなたの対応に満足したお客様は、「またこの人にお願いしたい」と思い、リピートしたり他の方に紹介したりするようになります。現代では、口コミや紹介が非常に大切にされており、お客様があなたを信頼すれば、友人や知り合いに「この営業パーソンは信頼できるよ」と紹介してくれる可能性が高いのです。

そうなれば、新規のお客様開拓の手間が減少し、紹介によって新しいお客様が獲得できるようになります。

もし15名のお客様がそれぞれ1名を紹介してくれたとしたら、わずかな期間で新たに15

名の新規顧客が増えることになります。

私の知り合いの不動産会社でも、紹介による成約が実に9割を占めるという会社があります。現実に、そのようなことが可能となるのです。

このように、少数のお客様にしっかりと対応することが、結果的に大きな成果を生み出してくれるのです。

しかも、紹介のお客様は新規のお客様と違い、大きなメリットが2つあります。

1つ目は、**「最初から信頼関係が構築されている」**ということです。紹介してくれた方が「この営業パーソンは信頼できるよ」と保証をしてくれているため、こちらが何もしなくても信頼されており、購入ハードルも下がっています。つまり、とても有利な状態から、商談を始めることができるのです。

2つ目は、**「他社と競合しにくい」**という点です。信頼関係が構築されているお客様は、商品ではなく「あなた」から購入しているため、他の営業パーソンに目移りせず、結果的に他社と競争することも少なくなるのです。

──信頼関係があると長期的なお客様になる

あなたへの好印象は長く継続し、何か困ったことがあれば、あなたを頼ってきます。

私自身も、私を信頼してくれ、住宅を購入してくれた方から、会社を退職し起業をした今でも連絡を受けることがあります。

子供の引っ越し先の紹介、ご自宅のリフォームの紹介、家を買いたい方、売りたい方の紹介など、これまで何度も紹介をいただいています。

こうした**強い信頼関係があるお客様は、長期的に関係性が続き、他の営業や商品に切り替えるリスクも少なくなるため、安定した関係を築くことができます。**

ぜひ、あなたも少ない人数のお客様に時間を集中させることで満足度を高め、リピートや紹介を獲得してください。驚くほど営業成績を上げられるようになります。

⑤ 初めの7秒が良くなければ次のお客様を探す準備を

——とにかく最初の7秒にかける

「諦めることも肝心よ」

これは、私が売れずにクヨクヨしていた時期に、見かねた当時の先輩社員がかけてくれた言葉です。

私は、幼少期に読んだバスケット漫画に出てくる「あきらめたら そこで試合終了ですよ」というセリフが大好きだったため、初めは受け入れることができなかったのですが、ある時、腸炎と帯状疱疹を併発して体調を崩しました。

私は、この時に初めて、ストレスを抱え込み過ぎると身体にも支障が出るということを学び、諦めること「が」肝心なのではなく、諦めること「も」肝心であることに気づくことができました。

「諦めは、心の養生」という言葉もあります。

これは、何かに執着しすぎてしまうと、それが自分にとって負担となり、精神的にも身体的にも悪影響を及ぼしてしまうということです。

営業の仕事においては、必死に結果を出そうとする気持ちはもちろん大切ですが、時には手放す勇気を持つことも同じくらい重要なのです。

私は体調を崩して、初めてそのことに気づくことができました。

お客様に初めて出会うまでの事前営業、初対面の7秒でしっかり対応したにもかかわらず、お客様の反応が明らかに良くない、あるいは最初の7秒がうまくいかなかった場合は、その状況を挽回するには多大な労力が必要です。

ここで重要なのは、「そのお客様は諦めて、次のお客様を探す」と割り切る勇気です。

1人のお客様に集中しすぎて、他のお客様を見逃してしまうことだけは絶対に避けましょう。諦めることも、成果を上げるためには、必要な対策なのです。

――「うまくいかない」も大事な経験

また、諦めることができるようになると、心に余裕が生まれて、営業活動全体の効率が上がります。**商談を振り返ってみると、失敗から学べることも多くあり、次の面談に向け、改善するポイントを見つけることができます。**

例えば、初対面の7秒で何がうまくいかなかったのか、どのタイミングで相手の表情が曇ったのかを振り返ることで、次回の商談で同じミスを繰り返さないようにすることができるようになります。

「失敗は、成功の母」という諺もありますが、これはまさにその通りです。失敗を通じて、自分を見つめなおし、次のチャンスに向けて準備を整えることができれば、失敗は無駄ではなくなります。

むしろ失敗を重ねることは、成功に近づくための貴重な学びです。

自分が成長していく実感を得ることができ、次のお客様への対応を今まで以上に自信を持って臨むことができるようになるのです。

初対面以降に信頼を得るための
お客様への
聴き方・質問の仕方・伝え方

第7章

① お客様を恋人と思って接し、耳と目と心で「聴く」

――聴き方の違いは信頼感に大きく影響する

「人の話をちゃんと聞きなさい！」

小さい頃に親や先生から、このように叱られた経験のある方もいるのではないでしょうか？　私はよくこのように注意されていたのですが、営業場面では、お客様の話をきちんと聞かないと、大きなミスにつながりますので、聞くことがとても重要です。

ただし、営業場面では、「ただお客様の話を聞く」だけでは不十分です。お客様と商談するうえで大事なのは、「聞く」ではなく「聴く」姿勢です。

「聞く」というのは、たんに耳で聞くという機能的な行為にすぎず、ただ音が聞こえて理解しているだけの状態です。一方で**「聴く」とは、文字通り、耳だけでなく、目や心も**

使って「相手の本音や意図」を汲み取る聞き方です。

お客様が何を考えているのか、何に悩んでいるのか、そして本当はどんな感情を抱いているのかを理解しようとする気持ちを表した聞き方といえるでしょう。

この違いが、お客様からの信頼感に大きく影響します。つまりは営業の結果にも影響を与えるのです。

――お客様の心の声を聴く

「聴く」ことを理解するために、恋人や自分の子供と会話をする場面を想像してみてください。例えば、恋人が「最近忙しくて…」と言った時、表面的に捉えれば「仕事が大変なんだな」と思うかもしれません。

しかし、よく目を見て、声のトーンや態度を観察すると、その背後には「疲れているから、もっと自分のことを気にかけてほしい。一緒にいてほしい」という感情が隠れていることもあります。

そんな時、あなたはどうしますか？　ただ、「そうなんだ」と聞き流すのではなく、「どうしたの？　何かあったの？」と心から理解しようとしますよね。

同じことがお客様との会話にも言えます。お客様が「少し考えます」と言ったとしても、その裏には別の思いがあるかもしれません。

「この提案、良いとは思うけど、他にもっと良い選択肢はないのかな？」といった心の動きが、表情や声のトーンに現れていることも多いのです。それを見逃さないために、ただ聞くのではなく「聴く」姿勢が重要となるのです。

そして、「心で聴く」とは、相手の立場に立ち、その状況や背景に共感することです。お客様の過去の経験であったり、現在の状況を理解しようとし、感情に寄り添うことで、あなたが信頼できるパートナーだと感じてもらえるのです。

恋人や子供に対しても、相手の気持ちを真剣に受け止めようとする姿勢が信頼を築くように、お客様もその誠実さに気づいてくれます。

――お客様の仕草や表情からも声を聴く

また、「耳で聴く」だけではなく、「目で見る」ことによって、お客様の仕草や表情から、どんな感情が隠れているのかを読み取ることも重要です。

これはテクニックではなく、実際にお客様の気持ちに寄り添うことで、深い信頼関係が築けるのです。

例えば、お客様が何かに困っている素振りを見せたとします。**言葉に出さずとも、その小さな変化を目でキャッチし、「何かお困りですか?」と聞けるかどうかが勝負です。これが「聴く」力です。**

商談において大切なのは、信頼されたうえで、お客様の悩みを出してもらうことです。人は誰しも「関心を持ってほしい」「無視されたくない」という強い欲求があります。お客様から「この人は、自分に関心を持ってくれている」と感じてもらうことができれば、本音を話してくれ、抱えている悩みの情報を引き出すことが可能になります。

その結果、お客様の本当の悩みやニーズを把握し、より的確な提案ができるようになるのです。

②「本当に？　もっとない？」と考えると本質のニーズに近づく

——話していることと実際の考えは違うこともある

「お客様がそう言っていたので、間違いないと思います！」

私は、若手の営業時代によくこのような報告を上司にしていました。

お客様の言っていたことをすべて真に受けていたため、あまり深く考えずにこんな報告をしていたのですが、商談が進むにつれて、お客様の言葉と実際の行動が一致しないことに気づきました。初めは「購入に前向きです」と言っていたのに、次の商談では話が変わっていることが多かったのです。

営業をしていると、お客様からの最初の答えが、「ちょっと考えてみます」「まあ、今はこれで大丈夫です」など、どうも表面的に感じられることがあると思います。

しかし、その一言をそのまま受け取ってしまうと、私のように、お客様の本当のニーズに気づかず、最適な提案を逃してしまうことがあります。**お客様が最初に話す内容は、表面的な情報が多く、深層にある隠れたニーズには、お客様自身も気づいていないことが多いのです。**

そのため、この気づいていない隠れたニーズを引き出すことができれば、お客様の信頼を得られるのです。

では、どのような考え方で臨めばいいのでしょうか？

――「なぜ」を5回繰り返してみる

ここで、**「クリティカルシンキング」**という考え方があります。

これは、日本語に訳すと「自己批判的な考え方」と表現されるのですが、何も自分の考え方を批判しなさい！ というものではありません。

お客様の回答を受けて自分自身が思ったことに対して、「本当にそう？ 他にはもっとない？」と疑問を持って、問い続ける思考法のことです。

先ほどもお伝えしたように、お客様は最初から自分の本音やニーズをすべて出してくれるわけではありません。そして、お客様自身が気づいていないことも往々にしてあります。

だからこそ、**お客様の表面的な答えにとらわれずに、「本当にそれがすべてなのかな?」と疑問を持つことが大事なのです。**

例えば、お客様が「価格がちょっと高いですね」と言った時、表面的には価格の問題に見えますが、その背後には「もっとコストパフォーマンスが良いものを探している」「いらない機能がある」「もっとシンプルなものが欲しい」といった別の理由が隠れているかもしれません。これを見逃さずに、さらに深く掘り下げることが重要になるのです。

クリティカルシンキングを商談で活かすために、効果的な考え方があります。

それは、**「なぜを5回繰り返す」**というテクニックです。

これはトヨタ自動車が開発した問題解決の手法で、表面的な問題の背後にある本当の原因やニーズを発見するために使われています。お客様の最初の答えに対して「なぜ?」を5回繰り返すことで、隠れている問題の本質にたどり着けるのです。

例えば、なぜを繰り返すと、次のような会話例になります。

営　業「どうして家を購入したいと思ったのですか？」
お客様「家族が増えるので、もっと広い家が必要だと思って」
営　業「そうですか。**なぜ**、広い家が必要だと思ったんですか？」
お客様「今の家では、子供が大きくなった時にスペースが足りなくなるんですよね」
営　業「そうなんですね。**なぜ**、スペースが必要になるんですか？」
お客様「今のままではリビングや個室が狭くて、家族がストレスを感じるんじゃないかと」
営　業「ご家族がストレスを感じることが、**なぜ**、ご心配なんですか？」
お客様「そうですね。家族みんなが快適に過ごせる家にしたいんです。とくに、子供には伸び伸びと成長してもらいたいので」
営　業「お子様の成長が重要なんですね。**なぜ**、それが住宅選びにおいて最も大事だとお考えなんでしょうか？」
お客様「やっぱり、家は家族の基盤ですからね。居心地がいい家が、子供の幸せにもつながると思うんです」

このように「なぜ？」を繰り返して掘り下げることで、たんなる「広い家が欲しい」という表面的な理由の奥に、お客様が「家族の幸せ」や「お子様の成長」といった深いニーズを持っていることがわかります。ここまで深掘りすると、お客様にぴったりの提案が可能になります。

――お尋ねする時は話し方に注意

この質問では、1つ注意が必要です。

今回は例文としてすべての内容に「なぜ？」という言葉を入れましたが、実際の会話で「なぜ？」を多用するとお客様は、尋問されているように受け取ってしまいます。

例えば、「お子様の成長が重要なんですね。それが住宅選びにおいて最も大事だとお考えなんでしょうか？」というように、なぜを省略した質問にするようにしてください。

大事なのは、なぜを繰り返すのではなく、心の中で、「本当にそうか？　他にもっとないか？」と自問自答することです。これこそが、営業の成功につながる重要な考え方なのです。

③ 相づちを打ち、「例えば？」と促すことで話がしやすくなる

――うなずくだけで距離感が縮まる

売れている営業パーソンは、話上手であるよりも、相手の話をしっかり聞き、理解する「聴き上手」であることが多いです。

商談や会話がスムーズに進むかどうかは、話し方だけでなく「聴き方」に大きく左右されます。そして、売れている営業パーソンほど、「相づち」を会話の中でうまく使っています。

適切な相づちは、会話にリズムを生み、相手に「自分の意見が尊重されている」という安心感を与えます。これにより、お客様は自然と自分の考えや希望を話しやすくなり、営業パーソンとの距離感が縮まるのです。

言葉による相づちではなく、相手がうなずいてくれるだけでも、自分の意見を受け入れてくれるように感じて話し手としては嬉しいですよね。

相づちには、「相手を認めて、共感する」ということを伝える力があるため、「この人は自分の話をちゃんと聞いてくれている」と感じさせることができるのです。

とくに、うなずきや「そうですよね」「確かに」「なるほど」といった言葉を、会話に入れることで、相手は自分の話に対して興味を持たれていると感じて、話がしやすくなります。

――「例えば？」と言うだけで話が続いていく

営業場面で、「どうすればお客様にもっと話してもらえるか？」という悩みのある方は多いと思います。

こちらがいくら話題を振っても、返ってくるのは短い答えだけ。「これ以上どうやって話を広げれば…」なんて思ってしまうこともあります。そんな時に、会話を自然に広げて、しかも相手に話しやすい雰囲気を作ってくれる便利なフレーズがあります。それは、

「例えば？」

です。

この一言を、相づちに加えるだけで、お客様は具体的な事例を挙げやすくなり、会話をより深めていくことができます。

例えば、あなたが友人に「最近、仕事が忙しくてね」と言った時、友人が「へぇ～」と言うだけで終わったら、「この人、この話に興味ないのかな？」と感じてしまいますよね？

逆に、「そうなんだ！ 例えばどんなふうに忙しいの？」と聞かれると、「他にも話したい！ 聞いてほしい！」という気持ちになって、どんどん話が進んでいくと思います。

営業でもこれと同じことが起こります。

お客様が少しでも話をしてくれたら、しっかりと相づちを打ちながら「そうなんですね！ 例えば？」と促すだけで、会話を広げることができるのです。

前項で紹介した会話例（203ページ）の続きで、解説してみましょう。

お客様「やっぱり、家は家族の基盤ですからね。居心地がいい家が、子供の幸せにもつながると思うんです」

営　業「（うなずきながら）居心地のよさは、確かに大事ですね！　素敵な考え方です。例えば、リビングや個室はどのくらいの広さがあると、お子様はのびのび暮らせますかね？」

この「例えば？」という質問に対して、お客様は具体的な状況を話しはじめます。「リビングは20畳くらいで、個室は最低でも6畳くらいで…」など、具体的なニーズが浮き彫りになってきます。この瞬間、営業パーソンは、お客様のニーズや課題をより深く理解するチャンスを手に入れるのです。

――話しやすい人だと感じてもらう

営業場面では、お客様に「話しやすい」と感じてもらうことが何より大切です。**とくに初対面のお客様には、この「話しやすさ」が信頼の基盤となります。**

相づちを打ちながら「例えば？」と促すことで、お客様にとって会話が続きやすくなり、「この人と話すのは楽しい」と感じてもらえるようになります。

こうした心地よい雰囲気が生まれれば、お客様は自然と本音を話しやすくなり、商談の質が飛躍的に向上するのです。

④「はい」か「いいえ」では答えられない質問で考えてもらう

──「これでよろしいですか？」は言わない

「えっ？　そんなこと言っていましたっけ？」

これは営業の場面ではないのですが、以前、部下と仕事のタスクについて進捗確認をしていた時に言われた言葉です。

タスクは各営業パーソンごとに割振りを決めていたのですが、そのタスクはまったく手つかずの状態でした。この時、私は彼に自分ごととして考えさせることを怠り、ただ一方的に業務指示を出していたことを反省しました。

通常の業務であっても、しっかり考えてもらうように指示を出すことで、部下からの信頼感も上がります。

営業場面でも、お客様と効果的な会話を構築することで、より深い信頼関係を築き、最終的な成果につなげていくことができるのです。

「質問をする」ことは、相手に考えさせる効果を生んでくれます。また、質問に対して自分自身で考えることによって、自分の言葉に責任を持ってくれるようになるのです。

営業場面においては、お客様にこちらの提案についてしっかり考えてもらう時間が必要です。

しかし、多くの営業パーソンが、ついつい「これでよろしいですか?」「この条件で大丈夫ですか?」といった、「はい」か「いいえ」で答えられる質問をしてしまいがちです。

このような質問は、**「クローズドクエスチョン」**といい、この質問方法だと、何も考えなくても簡単に答えられてしまいます。そのため会話も広がらず、お客様の心に残りません。さらには、隠れている本当のニーズを引き出せなくなるのです。

——「どこが?」「何が?」と聞いて具体的に答えてもらう

そこで重要なのが、お客様に自分の頭で考えてもらうための質問です。これを**「オープンクエスチョン」**といいます。

この質問方法は、**「はい」や「いいえ」では答えられないような質問をすることで、お**

客様が自分の中で情報を整理し、考えを深めながら答えを見つけることができます。その結果、お客様自身が「何が本当に必要なのか」をより納得感を持って決断できるようになるのです。

例えば、

「こちらの商品でよいですか」

ではなく、

「この商品のどういったところが、一番気になられますか？」

といった質問の仕方にすると、お客様は、具体的な回答をするためにしっかりと考える必要があります。このような質問を投げかけると、お客様は、「自分が本当に求めているものは何だろうか」と自分の中で答えを整理してくれ、それが結果として真のニーズを浮き彫りにしてくれるのです。

オープンクエスチョンの効果を最大限に引き出すためには、しっかりと答えを導き出す時間を作ることが大切です。お客様からの回答を焦らずに待って、無理に会話を進めるようなことはしないように心がけてください。

――確認事項についてはクローズドクエスチョンで

もちろん、すべての場面でこのオープンクエスチョンが適しているわけではありません。先ほど紹介したクローズドクエスチョンは、答えが明確に決まっている場合や、確認が必要な場面ではとても効果的です。

例えば、「この商品の仕様は問題ありませんか?」「このプランで契約を進めてもよろしいでしょうか?」など、短い答えで、素早くお客様の現在の状況を確認するためには、クローズドクエスチョンのほうが役立ちます。

ただし、お客様の本音や隠れたニーズを引き出したい時や、もっと話を広げたい時には、お客様に自分で考える機会を与えられる、オープンクエスチョンのほうがより大きな効果を発揮してくれます。

5 「いつまでに○○したい?」と時間を区切って具体性を持たせる

——具体的な悩みや要望を引き出すには

これまで何度も述べているように、営業の現場ではお客様が本当は何を求めているのかを引き出すことが成功のカギとなります。しかし、**多くのお客様は自分自身が本当はどんなことを望んでいるのか、気づいていません。**これは、これまでの経験から言える事実です。

そのため商談の中で質問をして、お客様の隠れたニーズを掘りおこしてあげる必要があります。

普通の会話をしているだけでは、真のニーズや悩みが明らかになることはまずありません。**表面的なやり取りでは、先ほど紹介したような「これで大丈夫ですか?」や「この条**

件でよろしいですか?」といったクローズドクエスチョンになりがちです。

これでは、「はい」か「いいえ」で簡単に終わってしまい、肝心の本音や希望の深掘りができないまま終わってしまいます。

──「いつまでに○○したいですか?」の質問で具体的に考えはじめる

そんな時に効果的な質問方法が、具体的な「期限」や「行動」に焦点を当てた掘り下げ質問です。

その1つとして、

「いつまでに○○したいですか?」

という質問がとても役に立ちます。

この質問は、お客様が考えている未来の目標やゴールであったり、そのための計画をクリアにするための手助けをしてくれます。**まだ具体的になっていない、その商品を購入した後のプランを考えるきっかけになるのです。**

人は、時間や期限を考えると、自然と自分の今の状況や将来の計画について整理しはじめます。

住宅購入を考えている人であれば、「いつまでに新居を探したいですか?」「いつまでに新居に引っ越ししたいですか?」と質問することによって、お客様は自分のスケジュールを改めて考えるため、具体的な行動を引き出すことができます。

もし、お客様からの答えが、「来年の春までには引っ越ししたいですね」であれば、それまでにどんなステップを踏む必要があるのかを一緒に話し合うことができますよね。

こうした質問をすることで、お客様の頭の中で、そのゴールに向けた具体的な行動プランが浮かび上がり、商談もスムーズに進むのです。

逆に、「今すぐじゃなくてもいいんですけどね」などの漠然とした答えが返ってきた場合でも、「では、具体的にはいつごろまでにお考えですか?」とさらに尋ねることで、お客様に再度自分自身の計画を考えてもらうことができ、より詳細なニーズが見えてくるのです。

このように、期限を意識させることによって、お客様も自分の希望や計画を再確認しやすくなります。

――時間を区切ることで話を進めやすくなる

さらに、**「デッドライン効果」**というものがあります。これは、人は具体的な時期や期限が決まると、その日までに行動しなければならないという意識が生まれることです。

例えば、「来年の春までに引っ越しをしたい」と決めたお客様は、その時期を目標に据えて、それまでにどの物件を選ぶか、どのタイミングで手続きを進めるかといった具体的な判断を始めるのです。

結局のところ、営業では、ただ物を売るというだけではなく、お客様のニーズを引き出して、それを解決に導くための提案をすることが重要です。

そのためにも、この**「いつまでに〇〇したいですか?」という質問をうまく使うことで、お客様に具体的な未来を描かせることができ、信頼関係を深めるプロセスへと変わります。**

これこそが、営業成功のカギとなるのです。

⑥「買わない選択肢はないですか?」と真逆の質問を投げかける

——さらに考えてもらい、あなたの信頼感を増す質問

多くの営業パーソンは、お客様から断られたくありません。そんなことは当たり前ですよね。

営業成績は仕事の成果になりますし、販売することでインセンティブがつく方もいるでしょう。

「どうやったら買ってもらえるか?」を必死に考えていると思います。

しかし、商談が進む中で、お客様が決断に迷っている時に焦って売り込んでしまうと、長期的には不満を抱かせる結果となることがあります。こんな時に必要なのは、購入を促すのではなく逆に、

「買わない選択肢はないですか?」

という、あえて購入をしないことを考えてもらう質問です。

この質問は、「この営業は、何が何でも売ろうとしているわけではなく、本当に自分にとって最善の選択を一緒に考えてくれている」とお客様が感じてくれるため、信頼関係をより深めてくれる役割も果たします。

――「その商品」について真剣に検討してくれる

一般的には、「購入したら、どんなメリットがあるか」「どんな悩みを解消することができるか」というプラスの面を探ることが多いのですが、逆に**「購入しない」という選択肢を与えることで、お客様に、「購入しなかったら、どんな不幸や不便があるか」を考えさせることができ、本音や真のニーズを浮き彫りにしてくれる効果があります。**

人は、意識的に反対のことを考えると、選択肢についてより深く考えるようになります。

「今回は買わないという選択肢はないですか？」と質問を投げかけることで、お客様は、買わなかった自分の姿を想像し、デメリットについて自ら考えはじめるのです。

マイホームを検討しているお客様に「もう家を買わないという選択肢はないですか？」と尋ねると、お客様には次のような思考が働きます。

「この家を買わなかったら、また一から物件を探さなければならない」
「今ほど条件に合う物件が、次に見つかる保証はない」
「物価も上がってるし、今後は価格がこれ以上に高くなる可能性もある」
「賃貸に住み続けても、毎月家賃を支払わないといけないし、資産にもならない」
といったような不安が自然と頭に浮かびます。

人は、誰しも抱えている不安や悩みを解消して、快楽を得たいと考えています。だからこそ、そのような商品を探していますし、手に入れたいのです。

買わない選択肢を真剣に考えると、買わなかった場合の不安や悩みが、前よりも一層大きく見えてくることが多いのです。これにより、購入することのメリットがより強調され、「やっぱり今買うべきかもしれない」といった前向きな検討を促してくれます。

最終的に購入を決断した際は、買わない選択肢もあった中で、お客様が自ら決断した形になるため、お客様満足度を高める効果も発揮してくれます。

お客様に「買わない選択肢」について考えてもらうことは、一見、逆効果に思えるかもしれませんが、実は非常に有効な手段なのです。ぜひこの質問を活用して、あなたの商談を有利なものにしてください。

⑦ 提案内容は100％よりも80％を3つ揃える

――完璧な提案などありません

「家は、3軒建てて、ようやく8割」

住宅業界では、よく言われている言葉です。

自分では最初は完璧だと思っていたプランでも、住んでみるとあれが足りない、これがもっと良ければ…、という気づきが次々に出てくるものです、ということをお伝えする際によく使われます。

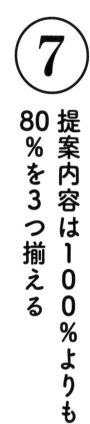

つまり、この世に完璧なものなど存在しないということです。

夢のないことを言うなよ！　と思われるかもしれませんが、世の中が変われば、状況や考え方も変わりますし、その時は100%だと思っていたものが、時間が経つにつれて、そうではなくなるのです。

営業の世界でも、よく「完璧な提案をしなければいけない」というプレッシャーを感じることがあるかもしれませんが、先ほども紹介した通り、100%の完璧な提案などありません。

100%の提案は、理想かもしれませんが、実際には1つの100%な提案をするよりも、バランスの取れた80%の提案を3つ揃えることが成功のカギとなります。

なぜなら、お客様にとって1つの完璧な解決策を求めるよりも、複数の要素が80%満たされているほうが、結果的に満足感が高まるからです。

——全体としての満足感を高める提案が受け入れられる

では、なぜ80%の提案を3つ揃えるほうが、効果的なのでしょうか？　それは、人の満足感が、複数の要素に分散するという心理的な傾向が関係しています。

要は、仮に1つの要素が完璧だとしても、他の要素と結びついていなければ、全体の満足感は得られにくいのです。

例えば、住宅を購入する際に、お客様は「価格」「立地」「間取り」の3つの要素を重要視することが多いです。でも、価格が100点満点だったとしても、間取りや立地という他の要素が50点しかなかったら、お客様はその物件に満足することはまずありません。

どれか1つに完璧さを求めるよりも、80%満足できる価格、80%満足できる立地、そして80%満足できる間取りを揃えることで、お客様は全体として非常に高い満足感を得ることができます。

それぞれの要素がバランスよく80%ずつ満たされていることで、「全体として、この提案は良い選択だ」と感じてもらえるのです。

営業パーソンが完璧主義にとらわれてしまうと、お客様に過度に「高すぎる期待」を持たせてしまい、現実的ではない期待感を生むリスクがあります。

その結果、商談が長引いたり、購入の決断に時間がかかってしまい、そもそも購入をやめるというケースもあるのです。

現実的な選択肢として、初めから80%の提案を3つバランスよく提供することで、お客様は「信頼できる現実的な提案」として受け入れやすくなり、商談もスムーズに進み、さらに現実的な提案を行うことで、後々の期待外れやトラブルを防ぐことにもつながります。

商談後にお客様との関係性をキープし続けるフォローのやり方

第8章

①信頼を得られると、いつか必ず戻ってくる

――購入にいたらなくても次がある営業を

「他に良い物件があったら、すぐ教えてくださいね！」

信頼を得られたお客様は、商談後にこのように言ってくれることがよくあります。これは、お客様との信頼関係ができた証であり、営業パーソンにとって最高に嬉しい瞬間です。

住宅の営業に関しては、買おうとしていた物件が、他のお客様に先を越されて購入できないということが頻繁にあります。

住宅の購入は基本的には先着順であるため、どうしようもないことではあるのですが、購入したいのに購入できないとわかった時に、残念そうな表情をしているお客様の顔を見るのは、とても辛いものです。

多くの営業パーソンは、「今すぐこの場で、お客様に決断してもらわなければ！」と焦ってしまいがちですが、信頼される営業パーソンは、焦って商品を売る必要はありません。**初回の面談で信頼関係さえ構築できていれば、その日に購入を決断できなかったとしても、次に条件の合う物件が改めて売りに出された際に、お客様は、必ず信頼している営業パーソンの元に帰ってきてくれます。**

――「お客様からの信頼」は最強のパスポート

では、なぜ初回面談での信頼構築が、後の成果に直結するのでしょうか？

それは、「お客様からの信頼」が営業パーソンにとっては、最強のパスポートだからです。パスポートがあれば、国境を越えてどこでも自由に行けるように、信頼があればお客様の心の壁を越えて、無理をすることなくずっと接点を持ち続けることができるのです。これが、信頼があればお客様が何度もあなたの元に戻ってきてくれる理由です。信頼さえあれば、おのずと営業成果への道は開けるのです。

心理学的にも、**人は信頼している相手に対しては寛容になるという傾向があります。**例えば、多少の説明不足や手違いがあったとしても、信頼している営業パーソンであれば「きっと何か理由があるんだろう」と思ってもらえるのです。

これが信頼の強さです。

長期的な関係が築けるため、多少うまくいかないことがあったとしても、信頼をしている営業パーソンに戻ってきてくれるのです。

さらに、第1章の中でもお伝えしたように、一度得られた信頼は、長期にわたってその効果を持続します（32ページ）。

お客様があなたを信頼していれば、たとえその日に購入を決断しなかったとしても、「またこの人から話を聞きたい」「またこの人に相談したい」と思ってもらえるのです。

もし、お客様が他社の選択肢を検討したとしても、**信頼を得た営業パーソンは単なる営業ではなく、「パートナー」として認識されていますので、最終的には「やっぱりあの人のほうがいい」と感じてくれるケースがとても多いのです。**

このように、一度手に入れたお客様からの信頼は、無理なクロージングや強引なセールスを必要としない、営業の最大の武器になってくれます。むしろお客様のほうから「またこの人にお願いしたい」と思ってもらえるようになります。

営業パーソンとして、まず最優先すべきは信頼の構築です。それこそが、長期的な成功のカギなのです。

② お見送り時は姿が見えなくなるまでしっかりとお辞儀をする

――お客様は最後まであなたを見ている

あなたが何かの買い物をして、担当してくれた方との別れ際のシーンを思い浮かべてみてください。

買い物中は、とても親切な対応をしてくれ、最後まで気持ちの良い買い物をすることができました。お店の外まで出て、最後のお見送りもしてくれました。

でも、お見送りを終えた途端に、その方がネクタイを緩め、表情も一変し、タバコを吸い始める姿が、車のルームミラーに映ったとします。

あなたは、次にまた買い物をする時に、その人から買いたいと思いますか？

おそらく多くの方が、最後の最後に幻滅してしまい、「対応中は良かったけど、実はそんな人だったんだ！」と、騙されたような気持ちになり、リピートしたいなどとは思わないでしょう。

多くの営業パーソンは、商談や話し合いの終わりとともに、「終わったー」と安心しがちです。しかし、最後まで油断は禁物です。

お客様は、あなたがどんな態度で接しているかを最後まで見ています。つまり、お見送りの瞬間も営業活動の一環なのです。

最後のお見送りは軽視されがちですが、実は、あなたがどれだけ誠意を持って対応しているかが伝わる最後の瞬間でもあります。

では、どのような対応をするのが良いのでしょうか？　それは、

「お客様の姿が見えなくなるまで、お辞儀をやめない」

です。

これは、最後までお客様を大切に思っているという姿勢を示す、マナーともいえることです。

お見送り時に深くお辞儀をすることで、お客様に対して敬意や感謝の気持ちを伝えるこ

とができます。「この人は、本当に自分を大切に思っているんだな」と、次回も安心してあなたに任せたいと感じてもらえます。

第5章の中でもお伝えしたように（171ページ）、お辞儀をするという行為は、相手に対する敬意を表すだけではありません。丁寧さを示してくれる最もシンプルなジェスチャーですので、ここでも45度のお辞儀をしっかりと意識して行いましょう。

——あなたが見送っていることが重要

また、お客様が完全に視界から消えるまで、頭を下げておくことがポイントです。お客様は、いつあなたの最後のお見送りの姿を見るかはわかりません。すぐに見るかもしれませんし、少し時間が経ってから見るかもしれません。あるいは、何度も振り返って見るかもしれません。

どのタイミングで見られるかわからないからこそ、最初から最後までお辞儀をすることが大切なのです。

重要なのは、あなたが「お辞儀をしたか」どうかではなく、お客様の目に「あなたのお辞儀が映ったか」どうかです。

小学生の頃、遠足は「家に帰りつくまでが遠足」と言われたことがある方もいると思いますが、営業も同じです。

お客様とのやり取りが終わった瞬間に、営業が終わるわけではありません。**お客様があなたの視界から外れるまで、逆にいうと、お客様からあなたの姿が見えなくなるまでが「営業」なのです。**

この姿勢を日々実践することで、お客様との信頼関係はより強いものになり、長期的な関係構築ができるようになります。

お客様の中に「最後まで丁寧な人だった」という強い記憶を残すことができれば、次回以降の商談やリピートのチャンスを引き寄せる大きな要因になってくれます。

③ 人は忘れる動物。高まった熱は1日で約70％低下する

――翌日には話したことの4分の3は忘れている？

「昨日のお昼ご飯、何を食べた？」

こう聞かれて、すぐに思い出せないことがありますよね。たとえ昨日のことでも忘れてしまう。それが、人間の記憶の仕組みなのです。

例えば、映画を観た後、すぐに友人に「面白かったから絶対観たほうがいいよ！」とお勧めした経験があるかもしれません。

しかし、時間が経って、その映画について尋ねられると、「あれ？ どんな内容だったっけ？」と、あれほど感動したシーンすらぼんやりしてしまうことはありませんか？

人は、たとえ昨日の出来事であったとしても、すぐに忘れてしまい、なかなか思い出せ

ないものなのです。

これは、このような日常の小さな出来事に限らず、営業の場面でも同様です。商談や面談で感じた熱や感情も、時間が経つと薄れてしまいます。

初回の面談でお客様から信頼を勝ち取ることができたとしても、せっかく高まった商品への熱が冷めてしまうと、失注につながってしまうこともあります。

あなたへの信頼感は消えずに長期間残るかもしれませんが、購入意欲や商品への興味は、時間が経つにつれて徐々に減少してしまうのです。

また、人は、新しい情報や感情に触れるたびに、以前の感情や興奮が薄れていくという性質を持っているため、なおさら注意が必要です。

人は記憶や感情を時間とともに忘れてしまう生き物です。ここで重要なのが、**「エビングハウスの忘却曲線」**という考え方です。これは、「人間は新しいことを学んだり、経験したことは、時間が経つとともに忘れていく」というものです。

記憶というものは、何か新しいことを学んだ直後から急速に低下していくのですが、20分後には42％、1時間後には56％、そして1日経つと74％も記憶量が低下するとされています。

〈エビングハウスの忘却曲線〉

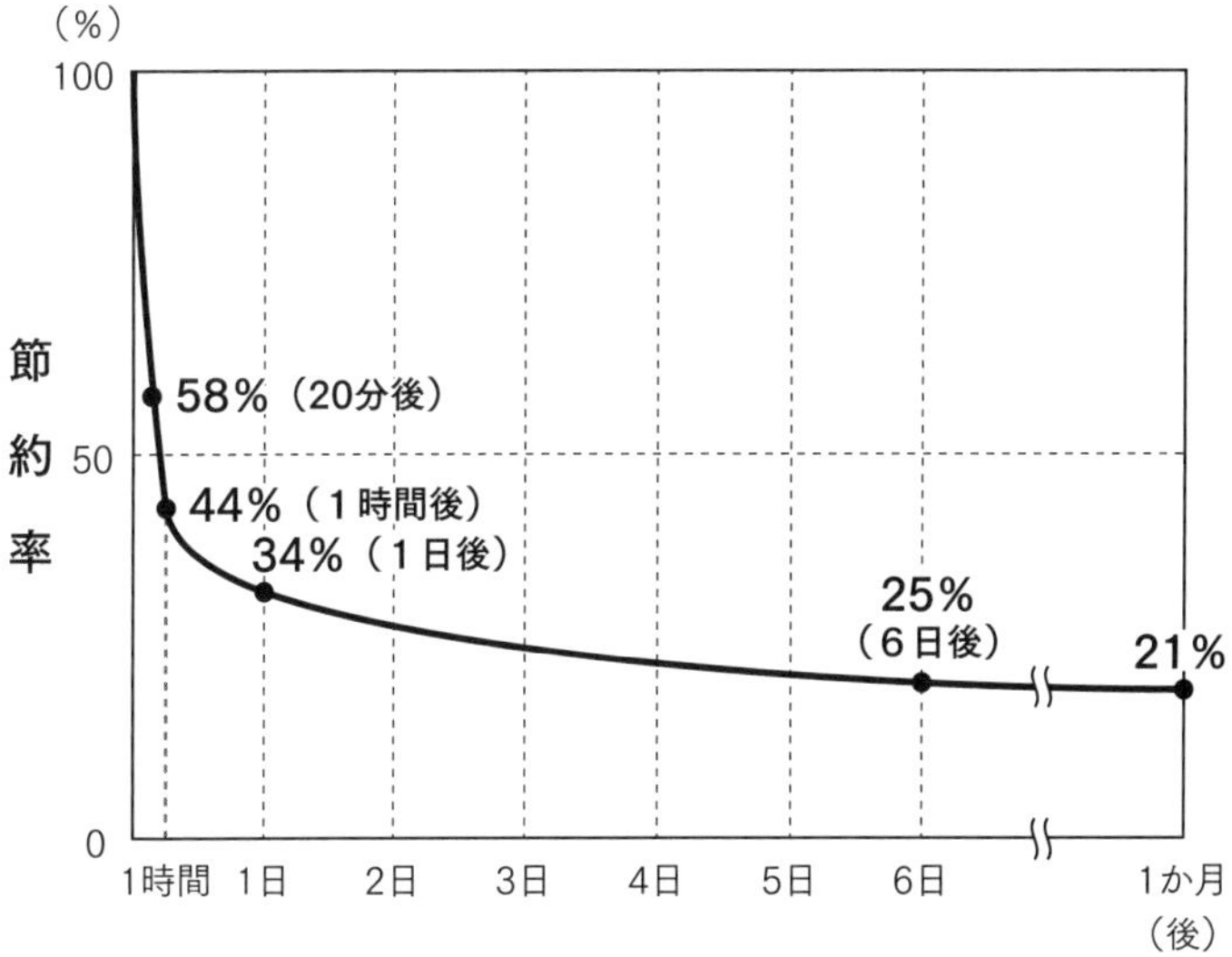

※節約率…覚えた知識を再び学習して覚える時に、どのくらいの時間を節約できるかを示す。

つまり、商談の翌日には、話をした内容の約4分の3をお客様は忘れてしまうということです。

――フォローアップが大事な理由

これは、営業場面に大きな影響があります。

初回面談でお客様に強い印象を与え、好意的な反応を得られたとしても、そのまま1日放置しておくと、あなたに対する信頼や好感度は持続するものの、商品に対する熱や興味は、「あの商品の何が、そんなに良かったんだっけ？」という状況になってしまいます。

とくに、忙しい現代社会では、他の仕事や家事に追われて、営業された内容などは二の次になってしまうことが多く、お客様の記憶から消えやすいのです。

だからこそ、お客様に対して、「商談後に何もしない」というのは非常に危険です。

商談後に何もしないままでいると、せっかく高まった熱や興味が、1日経つだけで急速に低下し、最終的には他の選択肢に目が向いてしまうリスクが生まれます。

それを避けるために**必要なことは、「お客様の記憶を呼び起こす」ことであり、そして、そのために有効的なのが、定期的なフォローアップです。**

次項では、効果的なフォローアップの方法について詳しく紹介します。

④お客様の「管理表」があれば、アフターフォローを忘れない

――ミスのないフォローができる管理表を使う

「先日お話しした内容で、完全に頭から抜けていたところがありました。ありがとうございます！」

これは、お客様にアフターフォローの資料を送った際にいただいた言葉です。

先項でご紹介した通り、初回面談の後にそのままにしていては、せっかく得た信頼がもったいないものとなります。

しかし、普段の業務で忙しい中、お客様1人ひとりのフォローを完璧にすることは、なかなか大変ですよね。

232ページで、人は1日経つとほとんどのことを忘れてしまうとお伝えしましたが、これ

は営業パーソン自身にもあてはまります。15名のお客様がいたとしたら、全員を常に意識し続けるのは、とても困難なことです。

そんな時に、役に立つのが、**「お客様　進捗管理表」**（262ページ参照）です。

これがあるだけで、アフターフォローもスムーズに進みますし、「フォローし忘れてしまった」というミスも防ぐことができます。

この管理表では、大きく分類すると、以下のような内容をもとに管理を行います。

① お客様といつ出会ったのか
② お客様の情報について
③ 次のアフターフォローを行う日

このように、「面談した日」「お客様の情報」「次のアクション予定日」などを管理表に記録しておくことで、「このお客様には、次に何をすればいいんだっけ？」と悩むことがなくなります。

しかも、**お客様1人ひとりに合ったタイミングで適切なフォローを入れることができるため、お客様に「いつも気にかけてくれている人」という印象を与えることができます。**

――忘れられないようにする3段階のアフターフォロー術

では、アフターフォローは、具体的にどんなことをすればいいのでしょうか？

ここでは、お客様との関係をキープし、熱を冷めさせないために行う、先の**忘却曲線**（232ページ）**に基づいた3つのフォローアップ方法**を紹介します。

まず1つ目は、**面談をした当日に、「面談感謝とあなたの力になります、と手書きのサンキューレター」を郵送する**ことです。

面談した当日に送れば、次の日にはお客様の手元に届き、あなたのことを思い出すきっかけになります。

そして、最初にすべきこととは、感謝の気持ちを伝えることです。とくに、85ページでも紹介したように「手書き」のサンキューレターがとても効果的です。

また、「あなたの力になります」というメッセージを入れることで、お客様から「信頼できるパートナー」と感じてもらうこともでき、好印象を与えて、面談時のポジティブな感情をそのまま維持させることができるのです。

2つ目のフォローは、**面談した3日後に、「初回面談時にヒアリングしたお客様の悩みと、その解決方法を記したツール」をメールで送る**ことです。

このタイミングでは、お客様が抱えている悩みや課題に対して具体的な解決策を提示することが大切です。

初回面談中にヒアリングした内容を基に、解決方法やアイデア、ヒントなどを記した提案をメールで送ることで、お客様に「私の問題を真剣に考えてくれている」と感じてもらうことができます。

3日後というタイミングは、面談時の記憶や感情がまだ少し残っている状態ですので、フォローアップを行うことで、冷めやすくなる熱意を呼び戻すことができます。

また、メールで送ることで、相手の都合を考えていることも伝えられます。送る時間はリマインドメール（120ページ）同様に、午前10時から12時に送るようにしましょう。

そして3つ目のフォローは、**面談した7日後に、「その後の進捗はいかがですか？　何かあればいつでもご相談ください」と電話をする**ことです。

初回面談から、この7日後までに2回、記憶を呼び起こすフォローを行い、また、この7日の間に家族で改めて話をしていることも多いため、お客様はある程度、記憶が蘇っています。

この段階では、お客様の結論が出ていることもあるため、電話で対面に近い状態で検討状況についてお伺いし、さらなるサポートが必要かどうかを確認します。

電話で直接お話しすることで、メールでは伝わらないニュアンスや感情をお客様に感じてもらうことができ、安心感を持ってもらえます。

また、「何かあればいつでもご相談ください」という言葉を添えることで、お客様に対して継続的なサポートを提供する姿勢をアピールできます。

その後は2週間後、1か月後、2か月後に「お変わりはないですか？　何かあればご相談くださいね」とお伺い程度の確認連絡を入れておけば、あなたの信頼がなくなることは

〈初回面談後の3つのフォローアップ〉

❶ 面談当日
「手書きのサンキューレター」を**郵便**で送る

↓

❷ 面談の3日後
「初回面談で出された
悩みの解決方法を
記したツール」を**メール**で送る

↓

❸ 面談の7日後
「その後の進捗のお伺い」
のため**電話**をする

↓

❹ 2週間後
❺ 1か月後
❻ 2か月後
（❹〜❻）にお伺いをする

ありません。

　このように、感謝の気持ちを伝えるレター、悩みの具体的な解決策のメール、進捗確認の電話という3つの角度の違ったアフターフォローを適切に行うことで、お客様の熱意を冷めさせず、長期的な信頼関係を築くことができるのです。

ここまでやれば、
２回目の商談で
決断してもらえる！

第９章

① 信頼されていれば、悩みの解決策を提案すれば売れる

――お客様の問題点を解決する提案を

第2章から第8章までに述べた方法で、お客様からの信頼を勝ち取ることさえできていれば、2回目の商談ではお客様はリラックスし、すでに心を開いてくれている状態です。お互いに話がしやすい雰囲気があり、商談は初回に比べると断然、楽になります。

2回目の面談では、さらに一歩踏み込み、お客様の抱えている具体的な悩みや課題を再確認して、それに対する解決策を提案することになります。

営業の基本は「お客様の問題を解決すること」です。

この面談では、すでに信頼されているからこそ、お客様の話に再度しっかりと耳を傾け、現状のニーズの変化や新たな悩みなどについてさらに深く理解し、それを解決する提案を

することが重要です。

「前回お話しした内容ですが、その後、進展はありましたか？」

と質問して、進展や変化を確認することで、お客様の現状に寄り添った提案ができます。この姿勢が、「この人は、やっぱり自分のことをよく理解してくれているな」と改めて感じさせ、信頼関係をさらに深めるのです。

お客様には、「初回面談の時には話せなかったけど、信頼している今だったら話してもいいかな」ということもよくあります。

お客様のより深い部分に触れることができれば、悩みの本質に近づくことができます。**前回の面談の際には口にしなかった課題にまで到達することができれば、その解決策は他の営業パーソンには提供できないものとなり、あなたの提案の価値は、より一層増してきます。**

――パートナーとしてご提案する

営業の現場では、時として「売らなければいけない」という自分自身のプレッシャーにかられてしまうことがあります。「再訪問なんだから、決めてこいよ！」という会社からのプレッシャーもあるでしょう。

しかし、とくに**2回目の面談では、「売る」という意識を一度リセットして、純粋に「お客様の抱えている問題をどうやって解決するか」に焦点を当ててください。**

お客様は売り込まれることを嫌がりますが、自分の問題を解決してくれる提案には前向きに耳を傾けてくれます。

そのためには、営業パーソンとしての立場ではなく、「お客様のパートナー」としてのポジションに立って商談をすることが大切になるのです。

あなたの提供する商品やサービスが、まさにその問題を解決するものであると感じてもらえれば、自然と成約につながります。

2回目の商談では、改めてお客様の悩みを考え、再度お客様の悩みを解決することに徹してください。そうすれば、商品やサービスは自然と売れていくものです。

② お客様の状況は都度変わる。情報をさらにブラッシュアップ

――お客様の状況を改めて確認する

「じつはですね、妻が妊娠していたことがわかりまして。家族が1人増えます!」

これは、私が営業パーソン時代、初回面談から1か月ほど経って再訪していただいたお客様から言われた言葉です。

このお客様は、もともと奥様と小さなお嬢様の3人家族で、3LDKの中古マンションを検討されていたのですが、この一言で状況が大きく変わり、再度お話をした結果、最終的に4LDKの中古の一戸建てを購入していただきました。

営業の世界では、一度お客様と話して内容を把握したからといって、それですべてを網羅できたわけではありません。お客様の生活や状況は日々変わるもので、先ほど紹介したように、短期間にライフスタイルの変化が起こることも少なくありません。

「先週は、こういう状況だったけど、急に変わった」ということは、あなたの日常生活でもよくあることかと思います。

昨今では、「コロナウイルス感染症」という大きな世の中の変化がありました。コロナが流行したことで、お客様はこれまで以上に「音」「接触」「家時間」という部分に敏感になり、住宅業界においては、これらのニーズが顕在化することで、一戸建てを検討される方や、分譲マンションを売却して一戸建てに住み替えられる方が増加しました。

このように、お客様の状況だけでなく、世の中に変化が起こると、お客様の悩みや要望にも大きな影響を及ぼすのです。

だからこそ、**2回目の商談時に大切なのは、「前回のヒアリングで得た情報に固執しない」ということです。**初回面談で信頼関係が構築できていたとしても、2回目の商談では、必ずお客様の現状や悩みを改めて確認し、内容をブラッシュアップしていく必要があります。

では、2回目の商談ではどのように情報をブラッシュアップすればいいのでしょうか?

――「新しい悩み」をお尋ねする

まず、前回の商談でヒアリングした内容を振り返り、その後の進展について尋ねること

が効果的です。例えば、

「前回お話しされていた○○の件、その後の進捗はありましたか？」

といった具合に、前回のポイントを確認します。

また、この質問をすることが、お客様に「この営業パーソンは、前回の話をきちんと覚えていて、それをさらに深掘りしてくれている」と感じてもらえ、信頼関係の維持にもつながります。ただし、この時に前回の話を繰り返すだけでは不十分です。

行うべきことは、新しく出てきた問題を引き出すことです。

何も新しい問題がなければ問題ありませんが、大きな買い物になるほど、1回目の商談時には表面化していなかった悩みが、時間が経つにつれ、検討を重ねるにつれて出てきます。**状況が変わっている可能性を常に考えて、新しいニーズや悩みが出てきていないかを丁寧に聴き出すことが大切です。**

「その後、何か新しいお悩みは出てきましたか？」

「最近、何か生活に変化はありましたか？」

などの質問を投げかけることで、お客様の現状を詳しく聴き出し、新しい提案を行う材料を引き出しましょう。そうすることで、お客様は「この人は、いつも自分の状況に合わせて提案してくれている」と感じ、さらに信頼を寄せてくれるのです。

③「あなたならどうしますか？」と聞かれた時の効果的な答え方

――意思決定を後押しする答え方

「どうしようか迷うなあ。谷崎さんだったらどうしますか？　買いますか？」

営業パーソン時代、信頼されているお客様からは、よくこのような質問をされました。

営業をしている方なら、一度は経験したことのあるシチュエーションかもしれません。

お客様が「あなたならどうする？」と質問してくるこの場面では、まさにあなたがどう答えるかが試されており、営業の成否を分ける一瞬でもあります。

この時、お客様は信頼している営業パーソンに本音を求め、自分の意思決定を後押ししてくれる存在として頼ってきています。この場面での最も効果的な返答は、

「私だったら買いません。ただし○○様とまったく同じ状況であれば買います」

です。

――信頼を得るとともに、さらに考えてくれる答え方

一見ネガティブなこの返答が、なぜ効果的なのでしょうか？

まず、この返答の大きな強みは「誠実さ」です。

「私だったら買いません」という返答は、あなたが営業成果よりも、お客様にとっての利益を優先している姿勢を伝えることができるのです。商品や提案を否定しているようにも聞こえますが、実際にはお客様の信頼を勝ち取るための強力な手段なのです。

この返答をすることによってお客様は、**「この営業パーソンは自分に隠し事をしていない」「本音で話してくれている」**と感じ、**さらに心を開いてくれます。**

さらに、**「カリギュラ効果」**というものがあります。これは、人は「禁止されたこと」や「やらないほうがいい」と言われたことに対して逆に興味が強く湧いてしまう現象のことです。

つまり、「買わないほうがいい」という返答をすることで、実際には、お客様の購入意欲を高めるという逆説的な働きをしてくれるのです。

「私だったら買いません」と言われると、お客様は「なぜ買わないのか？」と、逆に興味を抱いて、その理由をもっと詳しく知りたくなります。

この心理的な反応を活用し、お客様が自ら興味を持つように促して、最終的には自分で納得して商品を選ぶことができるのです。

――共感しつつ背中を押している

そして、「○○様とまったく同じ状況であれば買います」と付け加えることで、誠実さだけでなく、共感も示すことができます。

共感することで、「自分の状況を理解してくれる人」という印象を与え、好感を持ってもらえます。また、**間接的に「条件は合っているから購入しては?」ということをお客様に伝えることができるため、間接的なクロージングの効果も発揮してくれるのです。**

同時に、この返答は、お客様に決断を委ねている姿勢も示すことができます。無理に商品を押しつけるのではなく、お客様が自らの意思で判断するよう促すことが重要なのです。

人は自分で選んだものに対して、より強い責任感と満足感を感じます。お客様が「最終的には自分で決めた」という感覚を持つことで、後悔を感じにくくなり、結果的に商品やサービスに対する満足度が向上します。

お客様から「あなたならどうしますか?」と聞かれたらこのように答えてみてください。お客様は、より真剣に購入を検討してくれるようになります。

④ お客様の沈黙は最大のチャンス。絶対に沈黙をさえぎらない

――沈黙するのは考えてもらっている証拠

お客様と商談をしていて最終段階が近くなると、お客様が黙り込んでしまう場面を体験したことのある方は多いのではないでしょうか？

営業の現場では、お客様が沈黙する瞬間がしばしば訪れます。その際に絶対にしてはいけないことがあります。それは、

「沈黙をやぶって、先に話をしてしまう」

ことです。

「お客様の沈黙」に対しては、経験の浅い営業パーソンほど不安を感じると思います。

「何か言わなければいけない」「沈黙の空気感に堪えられない」と焦ってしまい、無理に

話しかけてしまいがちです。

でも、あなたが買い物をする時のことを思い出してみてください。

安い物であれば、勢いのまま買ってしまうこともあるかもしれませんが、高額な商品であればあるほど、一度立ち止まって考えますよね？

その立ち止まって、真剣に考えている時間こそが「お客様の沈黙」なのです。

お客様の沈黙は、別に何も言うことがないという消極的な意味ではなく、頭の中で真剣に考えている証拠です。

営業パーソンのこれまでの提案や説明を受け、自分の中でその情報を整理して、どう判断するべきかを検討しているとても大事な時間なのです。

だからこそ、「沈黙は不安になるもの」と捉えるのではなく、「沈黙はお客様の思考の時間」と考えてください。

この大事な思考中に、話しかけたり、別の話題を持ち出したりすると、せっかくのチャンスを逃すことになります。目の前にある成果を自らドブに捨てているようなものです。

お客様は、**営業パーソンの提案を吟味し、その提案が自分にとって最適かどうかを自分の中で模索しています。そのプロセスを邪魔すると、お客様は考えをまとめることができず、結果として迷いや不安を感じてしまうのです。**

私の商談での過去最高の沈黙時間は、約10分です。

自宅の売却を検討されている高齢男性の方でしたが、私が買取金額を提示してから、返答があるまでに、約10分の沈黙がありました。

結果として、こちらの提示金額で売却をしていただくことができたのですが、そのくらいの時間を考えてもらうことが、商談の成功への近道になるのです。

——沈黙している間に「答え」への対応を考える

「谷崎さんは、沈黙時間にどんなことを考えているんですか？」と聞かれることがありますが、お客様が沈黙している間、ただボーッと待っているわけではありません。

お客様が沈黙している間は、沈黙後の対応のためにその時間を使います。

お客様の表情や態度を注意深く見守り、「こう言われたら、こういったふうに話そうか」と考えることで、どの返答に対しても対応することができます。

沈黙が続く時間が少し長く感じても、表情には出さず、じっと待つことが大切なのです。

沈黙の先には、必ずお客様の答えが待っています。

沈黙は悪いものではなく、あなたの成果につながる「最大のチャンス」なのです。

⑤ クロージングをする必要はない。共感して背中を押してあげる

――押しつけることは絶対にしない

「あとは勇気だけだ！」

若い方にはピンと来ないかもしれませんが、これは石ノ森章太郎の、とある漫画の主人公の名言です。

信頼している人から、自分の悩みや課題をヒアリングしてもらい、それを解決する素晴らしい提案を受け、誰からも反対されず、誰がどう考えても買ったほうがよい。でも、購入の決断がどうしてもできない…。

このようなことは実際によくありますし、高額な商品になればなるほど、よく起こると思います。これは簡単にいうと、お客様は購入することに対して「ビビっている」のです。

こんな時に、無理にクロージングをする必要はありませんし、むしろ逆効果です。それよりも、最後にお客様が自然と決断できるように、そっと背中を後押ししてあげるイメージを意識しましょう。

心理学的に人は無理に何かを押しつけられると、それに対して反発し、逆の行動をとってしまう傾向があります。営業の場面では、クロージングを押しつけることで、お客様が「まだ決めたくない」と感じて、逆に購入や契約を避けてしまう可能性が高まるのです。**クロージングを意識しすぎると、商談の最後に、お客様に対して過度なプレッシャーを与えてしまいます。**

「このタイミングで決断しなければならない」「今すぐ契約しないといけない」という圧力は、お客様にとって非常にストレスになり、その結果として押しつけられた感覚が強まって、せっかく積み上げた信頼関係を壊してしまうリスクもあるのです。

――「共感する言葉」がお客様に勇気を与える

だからこそ、強引なクロージングは避け、お客様が自分のペースで決断できるよう、穏やかに寄り添う姿勢が大切です。

多くの場合、お客様はすでに購入や契約に向けた心の準備が整っています。重要なのは、その準備を信じて、お客様が自分で決断するように尊重することです。

「いかがですか？」と優しく問いかけたり、「私がいないほうがよろしければ、少し席を外しましょうか？」といった提案をすることで、お客様は「私のことを本当に親身に考えてくれている」と感じ、安心して決断することができます。

営業において大切なのは、ただ商品を売ることではなく、お客様が最終的に満足できる決断をサポートすることです。

あくまでも「あなたが最終的に決めるべき」という姿勢でいることで、お客様はより自信を持って行動することができるのです。

私が過去に経験した例を1つ紹介します。

新築マンションの申込みについての説明をしている時、申込書の説明をはじめると、そのお客様は、緊張と不安のあまりに手が震えはじめました。

その際に私は、次のような言葉をかけました。

「大きな決断なので、迷うのは当然ですよね。でも間違いのない選択であるとは思います。決断されるのであれば印鑑をお持ちになって、書類の上に手をやってください。私が上からお客様の手を押してさしあげます」

その言葉を聞いたそのお客様は、笑顔になられ、多少震えながらも、「もう大丈夫です」と、ご自身でお申込みの印鑑を押されました。

このように、お客様の不安や迷いを感じた時は、お客様の気持ちに寄り添って不安を受け止め、共感の言葉を添えながら、背中を軽く押してあげることが、成果にもお客様の満足にもつながるのです。

おわりに

本書を最後までお読みいただき、心より感謝いたします。

私は、これまで多くの営業パーソンと出会ってきましたが、その方々の大半が、営業に対して何らかの悩みを抱えていました。

「なぜ売れないのか」「どうしたら信頼されるのか」

そんな声は、今も後を絶ちません。

営業という仕事には正解がなく、自分のやり方に迷う場面も少なくないからこそ、多くの営業パーソンが壁にぶつかるのだと思います。

本書でお伝えしてきたのは、特別なテクニックや難しいノウハウではありません。誰もが知っているような、当たり前のことです。しかし、それをどこまでも丁寧に積み重ねられる人が、最終的にお客様から信頼され、選ばれる人になります。

私は、営業という仕事において最も大切なのは、「凡事徹底」だと考えています。

凡事徹底とは、特別なことではなく、平凡なことを徹底的にやり抜くという姿勢です。

1つひとつの小さな当たり前の行動を、手を抜かず当たり前にやり抜いていく。この姿勢こそが、平凡を非凡に変え、お客様の心を動かす力になるのです。華やかに見える営業の世界も、実際は地道な積み重ねの連続です。だからこそ、自分のあり方に真剣になれる人が、ひときわ輝いて見えるのだと思います。

本書の中で、あなたの心に残った内容や考えが1つでもあれば、今日からぜひ実践してみてください。

すぐに完璧にできなくても構いません。小さな一歩を重ねることで、人は確実に変わっていきます。その変化が、あなただけでなく、目の前のお客様の人生にも優しく力強く影響を与えてくれるようになります。

最後となりますが、営業という仕事は、人と人をつなぎ、誰かの人生の一場面に寄り添える素晴らしい仕事です。誠実に、丁寧に、そして情熱を持って、どうか歩み続けてください。あなたの未来に、たくさんの信頼と笑顔が訪れることを心から願っています。

谷崎　真吾

付録1〈電話ヒアリングチェックリスト〉

受電：　　年　月　日　時　分

- [ ] 問い合わせ商品
- [ ] 問い合わせ媒体
- [ ] 来店希望日
- [ ] 当日の来店人数
- [ ] 購入希望時期
- [ ] 商品を必要とする悩み
- [ ] 今聞いておきたい内容
- [ ] お客様名
- [ ] 連絡先
- [ ] 今後の連絡方法
- [ ] 次回以降の希望連絡時間帯
- [ ] 住所
- [ ] メールアドレス

次回以降について

次回連絡日①：　　年　月　日

次回連絡日②：　　年　月　日

付録2〈自己プロフィール〉

様　このたびはご縁をいただきありがとうございます

氏名	顔写真
住所	
電話	
メールアドレス	
保有資格	尊敬する人
出身地	
趣味	苦手なこと

付録3〈お客様　進捗管理表〉

No	面談日	顧客名	住所	TEL	メール	検討商品	かかえている悩み	解決策	面談後			これ以上追うか否か
									サンキューレター	ツール発送	進捗伺い	

谷崎真吾（たにざき　しんご）
株式会社ウィルステップ代表取締役。株式会社SMILE's取締役。広島県生まれ。大学卒業後、北九州の住宅営業会社へ入社。提案しても売れず営業が嫌いになるが、商品を販売するにはまずお客様からの信頼が大前提であることを学び、独自のプル型営業メソッドを構築。その結果、お客様から信頼を得ることが得意となり営業成績も急激に向上し、トップセールスとして活躍。2021年、より多くの人たちへ成功ノウハウや知見を伝えたいと考え起業。現在は「不動産業界の量と質を向上させる」「人とすまいを笑顔でつなぐ」をモットーに掲げ、企業の事業戦略から社員営業教育、商品のリフォーム提案まで幅広く活動している。

売《う》れる営業《えいぎょう》がお客様《きゃくさま》に会《あ》う前《まえ》にやっていること

2025年5月1日　初版発行

著　者　谷崎真吾
発行者　杉本淳一

発行所　株式会社日本実業出版社　東京都新宿区市谷本村町3－29 〒162-0845

編集部　☎03-3268-5651
営業部　☎03-3268-5161　振　替　00170－1－25349
https://www.njg.co.jp/

印刷／理想社　　製本／共栄社

ISBN 978-4-534-06182-9　Printed in JAPAN